Bernd Wurlitzer
Kerstin Sucher

Reiseführer
WUNDERvolles
Dresden

steffen verlag

Dresden – Kunst, Kultur und viele Schätze 13

2 | Rund um die Altstadt

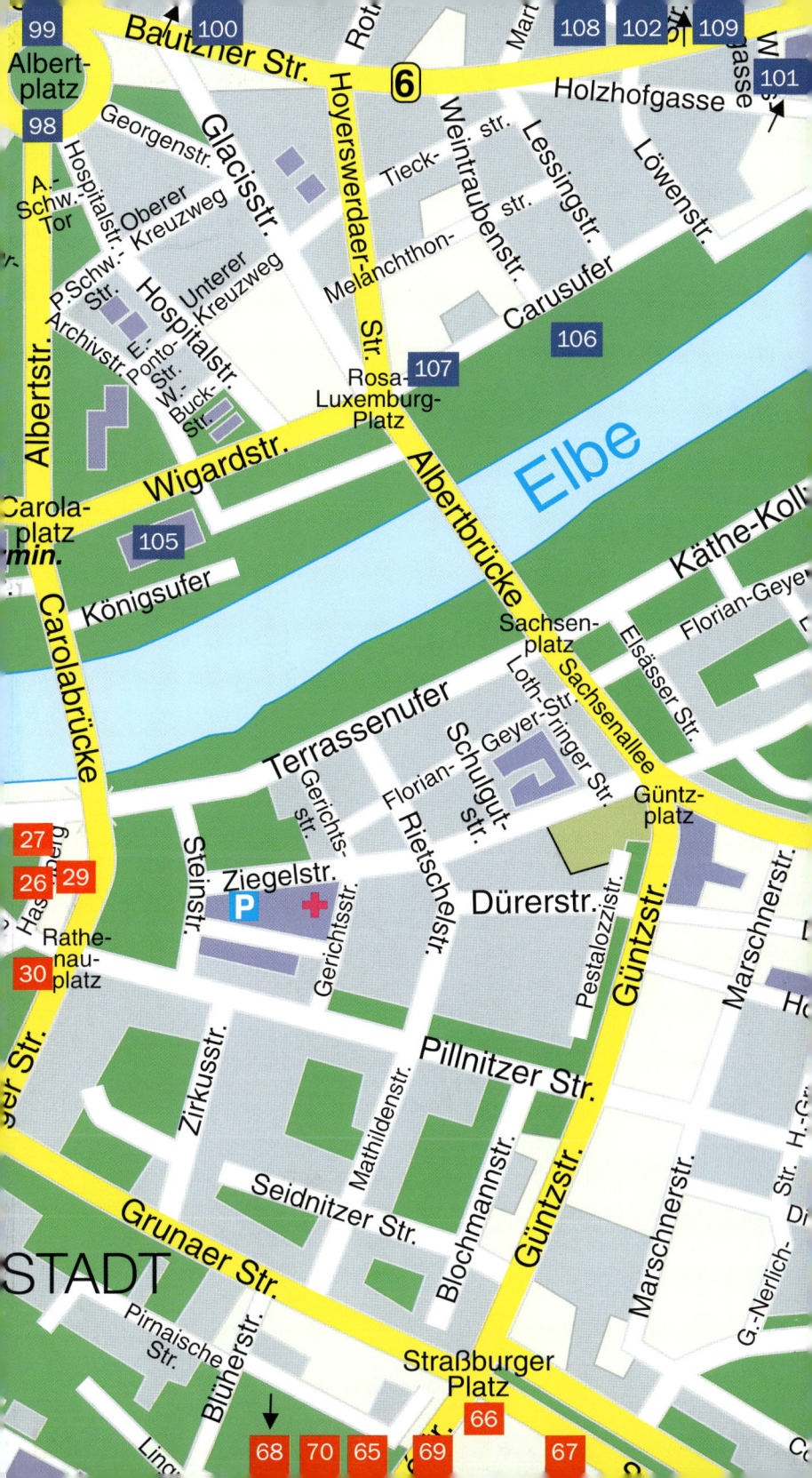

3 | Neustadt

4 | Rund um die Neustadt

5 | Ausflüge elbabwärts

6 | Ausflüge elbaufwärts

Anhang

Dresden – Kunst, Kultur und viele Schätze

Die Stadt an der Elbe hat wahrlich Wundervolles zu bieten. Dieser Reiseführer konzentriert sich auf das, was Touristen am meisten interessiert: Wo gibt es was zu sehen? Dresden hat enorm viele Sehenswürdigkeiten, denn Dresden ist ein Kunst- und Kulturzentrum. Barocke Prunkbauten, hochkarätige Kunstschätze, namhafte Kulturstätten und eine malerische Lage machen die Stadt zu einem der beliebtesten touristischen Ziele. Ohne den kunstsinnigen Kurfürst Friedrich August I., genannt August der Starke, und seinen Sohn Friedrich August II. wäre das nicht so. Augusteisches Zeitalter werden die rund 70 Jahre von 1694 bis 1763 genannt, in denen sie regierten und den Weltruf Dresdens begründeten. Die beiden waren in Personalunion auch König von Polen, was sie hoch über andere Kurfürsten und Könige erhob. Ihr Hofstaat war glanzvoller als der des Kaisers, sie wollten prunken und protzen und Dresden zur prachtvollsten Residenzstadt Europas gestalten. Zwinger, Gemäldegalerie, Grünes Gewölbe, Brühlsche Terrasse, Semperoper … Die Liste der Sehenswürdigkeiten ist lang, zu ihnen gehört auch die größte und älteste Raddampferflotte der Welt. Wenn die Schaufelräder durch das Wasser pflügen, weht ein Hauch Nostalgie über die Elbe. Die Schiffe schaukeln flussabwärts nach Meißen, der »Wiege Sachsens« und Geburtsstätte des berühmten edlen Meissener Porzellans und flussaufwärts in die bizarre Felsenwelt des Elbsandsteingebirges. »So schön wie die Schweiz, nur halt ein wenig kleiner«, meinen die Dresdner schmunzelnd. »Sächsische Schweiz« wird der zu Deutschland gehörende Teil des Gebirges genannt. Den Namen sollen die Schweizer Maler Adrian Zingg und Anton Graff im 18. Jahrhundert kreiert haben. Der in Dresden geborene Schriftsteller Erich Kästner schrieb liebevoll: »Geschichte, Kunst und Natur schweben über Stadt und Tal, vom Meißner Dom bis zum Großsedlitzer Schlosspark, wie ein von seiner eigenen Harmonie bezauberter Akkord.« 155 Sehenswürdigkeiten aus Architektur und Kunst, aus Natur, Technik und Kultur haben wir ausgewählt. Berühmte, aber auch weniger bekannte, die vielleicht sogar manchen Dresdner überraschen. Sich an einem Tag fünf von ihnen anzuschauen, dürfte das Maximum sein. Wer alle in diesem Reiseführer enthaltenen Sehenswürdigkeiten besuchen möchte, braucht also mindestens einen Monat Zeit! Aber Zeit sollte man sich nehmen – Dresden ist eben nicht irgendeine Stadt, Dresden ist eine Kunst- und Kulturstadt von Weltrang.

Wieder eines der Wahrzeichen von Dresden: die Frauenkirche

Altstadt

Die meisten touristischen Ziele liegen in der Inneren Altstadt, in jenem Teil
von Dresden, der Jahrhunderte von einer Mauer umgeben war. Die Wall-
straße/Marienstraße, Dr.-Külz-Ring/Waisenhausstraße und St. Petersburger
Straße bilden die Grenzen des historischen Stadtkerns mit dem Residenzschloss, dem Zwinger, der Semperoper, der Frauenkirche und der Brühlschen Terrasse. Touristisch wird meist noch der östliche Teil der Wilsdruffer
Vorstadt, die Seevorstadt mit der Prager Straße, dem Hauptbahnhof und
dem Großen Garten zur Altstadt gezählt.

■■■■■■■■■■■■■■■■■■■■■■■■■■■■■■■■■■■■■■

1 Die Elbe – geliebt und gefürchtet

Rund 30 Kilometer fließt die Elbe durch das Stadtgebiet. Die Dresdner
lieben den Fluss mit seinen weiten Wiesen, auf denen man sich gern zur
Entspannung niederlässt und den Schaufelraddampfern auf dem Wasser
zuschaut. Die Elbe gehört zu den bekanntesten und bedeutendsten
Flüssen, mit seinen 1094 Kilometern Länge ist der im tschechischen Rie-
sengebirge entspringende Fluss der vierzehntlängste Europas. Manchmal
sind die Dresdner aber gar nicht gut auf ihre Elbe zu sprechen. Wann
das war, verraten die Hochwassermarken an vielen Gebäuden. Zuletzt
versetzte sie die Menschen in den Jahren 2002 und 2013 in Angst
und Schrecken, als gewaltige Wassermassen sich von der Sächsischen

Die Elbe unterhalb der Brühlschen Terrasse

Schweiz kommend auf die Stadt zu wälzten. Besonders schlimm war es im August 2002, als es tagelang regnete. Das Wasser überschwemmte den Hauptbahnhof, die Semperoper stand unter Wasser, der Zwinger ebenfalls. Helfer herbeirufen konnte man nicht, denn das Telefonnetz funktionierte nicht mehr, auch der öffentliche Nahverkehr war eingestellt worden, den Strom hatte man abgeschaltet. 9,40 Meter betrug der Elbpegel am Vormittag des 17. August 2002. Normal ist ein mittlerer Wasserstand der Elbe von zwei Meter, gemessen an der Augustusbrücke. Das Wasser drängte in das unterirdische Depot der Gemäldegalerie Alte Meister, dennoch kamen viele, packten an, und schleppten unersetzliche Kunstwerke über die Treppen in obere Stockwerke.

Nach dem schlimmen Hochwasser von 2002 wurde der Schutz verbessert. Wasserstände zwischen vier und fünf Meter beunruhigen mittlerweile keinen mehr. Übersteigt die Elbe jedoch fünf Meter, dann werden

elbnahe Straßen und Wege überschwemmt, in der Innenstadt wird das Terrassenufer gesperrt, die Raddampferflotte kann nicht mehr auslaufen und der Elberadweg verschwindet im Wasser. Er ist einer der beliebtesten europäischen Radwanderwege. Vom Elbsandsteingebirge führt die Strecke über Pirna durch Dresden und weiter in das sächsische Weinanbaugebiet zur Porzellanstadt Meißen. Durch das Dresdner Stadtgebiet erstreckt sich der Radweg auf einer Länge von 30 Kilometern auf der linken Elbseite und ca. 27 Kilometern auf der rechten Elbseite. Erfahrene Radler nehmen die S-Bahn bis Schöna, treten von dort ab in die Pedale und sind nach sieben bis acht Stunden in Meißen, das ebenfalls S-Bahn-Anschluss hat.

ℹ️ www.elberadweg.de

Elberadweg

Blick vom Lingner-Schloss

Hochwasserlehrpfad

An acht Standorten informieren Tafeln über das Hochwasser, das in Dresden schon schwere Zerstörungen verursachte, zuletzt in den Jahren 2002 und 2013. Der Hochwasserlehrpfad beginnt auf dem Schlossplatz am linken Brückenkopf der Augustusbrücke. Er führt zum Neustädter Elbufer und über die Marienbrücke wieder in die Altstadt, am Kongresszentrum vorbei zum Lindenau-Platz, wo er mit der Tafel 8 endet. Der Lehrpfad unterrichtet über Hochwasser und seinen Schutz, beispielsweise warum die Elbwiesen als natürliches Überschwemmungsgebiet erhalten werden, welche Folgen eine Flussverlegung hat und wie die innerstädtischen technischen Hochwasserschutzmaßnahmen aussehen. Der Lehrpfad kann auch in Abschnitten besucht werden, da jede Informationstafel für sich steht. Hochwasser steht dem Lehrpfad nicht gut zu Gesicht – ab einem Elb-Pegel von sechs Metern sind die Informationstafeln nicht mehr erreichbar.

2 Top ➠ Residenzschloss – Kunst- und Kulturzentrum

Die einstige Residenz der Wettiner beherbergt eines der bedeutendsten Kunst- und Kulturzentren Europas: das Neue Grüne Gewölbe und das Historische Grüne Gewölbe (s. S. 21), die Rüstkammer (s. S. 23) mit dem Riesensaal und der Türckischen Cammer, die Fürstengalerie mit Bildern der einst im Schloss residierenden Kürfürsten und Könige sowie das Münzkabinett, das mit seinen 300 000 Objekten zu den namhaftesten Sammlungen seiner Art in Europa gehört. Eingezogen ist ebenfalls das Kupferstichkabinett mit Werke von Rembrandt, werden das originalge- mehr als 500 000 Exponaten, darunter Rubens und Goya. In den nächsten Jahren treu rekonstruierte Audienzgemach und

Residenzschloss

weitere prachtvolle Räume August des Starken (1670–1733) hinzukommen. Der Weg zu den Museen beginnt im Kleinen Schlosshof, den – Jahrhunderte nach oben geöffnet – ein transparentes Membrandach überspannt und der heute als Besucherfoyer dient, und er geht weiter über die wieder hergestellte Englische Treppe von 1692. In dem Schloss wohnten einst die sächsischen Kurfürsten und Könige, es war aber auch Verwaltungs- und politisches Machtzentrum. In ihm fanden Staatsempfänge und andere festliche Veranstaltungen statt. Seit dem 19. Jahrhundert weilte die königliche Familie nur noch im Winter im Schloss, im Frühjahr und Herbst residierte der König in Pillnitz und im Sommer in der im Zweiten Weltkrieg total zerstörten Königlichen Villa in Dresden-Strehlen. Am 13. November 1918 war Schluss. An diesem Tag dankte König Friedrich August III. (1865–1932) ab, damit endete die mehr als 800 Jahre andauernde Herrschaft des Hauses Wettin in Sachsen. Der Ausbau einer erstmals 1289 urkundlich erwähnten Burg zu einer fürstlichen Residenz begann unter Markgraf Wilhelm I. (1343–1407) Ende des 14. Jahrhunderts. In den folgenden Jahrhunderten erfolgten ständig Umbauten und Erweiterungen; so kam bei der letzten grundlegenden Umgestaltung 1889–1901 der Südflügel hinzu, wodurch der dritte Schlosshof entstand. Der Südflügel erhielt auch die neobarocke Brücke zum gegenüberliegenden Taschenbergpalais. August der Starke konnte demzufolge nicht darüber gelaufen sein, um zu seiner Mätresse im Taschenbergpalais zu gelangen, wie vielfach zu hören ist und es sich auch nett erzählt. Bis zur Zerstörung 1945 gehörte das Schloss zu den

Sgraffito-Malerei im großen Hof des Schlosses

bedeutendsten Bauten des Historismus in Deutschland. Dieses Aussehen bekam es beim Wiederaufbau jedoch nicht. Es wurde entschieden, für bestimmte Zeitepochen typische Grundrisse und Fassadengestaltungen auszuwählen. Beispielsweise erhielten die Fassaden des Großen Schlosshofes wieder die Sgraffitomalerei zurück, die Moritz von Sachsen (1521–1553) Mitte des 16. Jahrhunderts anbringen ließ. Und im Inneren entstand erneut der Riesensaal, den es seit der Regierungszeit von Kurfürst Friedrich August II. (1696–1763) nicht mehr gab. Wieder hergestellt wurde auch – fast 70 Jahre nach ihrer Zerstörung am Ende des Zweiten Weltkrieges – die Kapelle, die den sächsischen Kurfürsten und Königen rund 150 Jahre als geistliches und musikalisches Zentrum diente. Insgesamt erstrahlt das Residenzschloss von außen wieder in frischem Glanz, der vollständige Innenausbau wird jedoch noch geraume Zeit dauern.

ℹ️ Öffnungszeiten: Mi–Mo 10–18 Uhr; Staatliche Kunstsammlungen, Taschenberg 2, 01067 Dresden, Tel. 0351/49 14 20 00, www.skd.museum; Straßenbahn 4, 8, 9 bis Theaterplatz

3 Hausmannsturm – beliebter Aussichtspunkt

Mit 101 Metern ist der achteckige Hausmannsturm des Schlosses das höchste Bauwerk der Innenstadt und demzufolge einer der beliebtesten Aussichtspunkte. Doch bevor der weite Blick aus 38,62 Meter Höhe genossen werden kann, sind 222 Stufen bis zur Plattform zu bewältigen. Nach der Zerstörung im Zweiten Weltkrieg begann 1990 der Wiederaufbau, im Oktober 1991 setzte ein Spezialkran die 30 Meter hohe und 21 Tonnen schwere Spitze mit einer Wetterfahne von sechs Metern Höhe auf. Tausende Dresdner schauten zu. Sein heutiges barockes Aussehen mit der charakteristischen Turmspitze stammt von 1674–1676, Hofuhrmacher Jean François Ponçet fertigte 1741–1742 das Uhrwerk für die Turmuhr. Doch irgendwie war es wohl ein schwieriges Unterfangen, erst vier Jahre später konnte die Uhr endlich in Betrieb gesetzt werden. In der

Hausmannsturm

Bombennacht am 13. Februar 1945 brannte der Hausmannsturm völlig aus. Die Uhr blieb stehen und zeigte 46 Jahre lang die Zeit der Katastrophe. 1996 war endlich ein neues Uhrwerk fertig, für das Zifferblatt der nach dem Schlosshof gerichteten Uhr konnten erhalten gebliebene Fragmente verwendet werden. Das Pendel hat wie einst die beträchtliche Länge

Uhr des Hausmannsturms

von sieben Metern. Warum Hausmannsturm? Weil in ihm der Hausmann, der Türmer, wohnte. Zu seinen Aufgaben gehörte es, nicht nur Ausschau nach Feuer und Feinden zu halten, sondern auch die Stundenglocken zu läuten. Mehrfach schlug der Blitz in den Turm ein, im 18. Jahrhundert allein acht Mal. 1775 installierte man deshalb auf dem Turm Dresdens erste Blitzschutzanlage. Eine Wasserleitung dagegen wurde erst 1883 in die Wohnung des Türmers gelegt, und damit er am Tag nicht mehrfach mühevoll die Treppen steigen musste, kommunizierte er über ein Sprachrohr.

ℹ️ Öffnungszeiten: Mi–Mo 10–18 Uhr; Staatliche Kunstsammlungen, Taschenberg 2, 01067 Dresden, Tel. 0351/49 14 20 00, www.skd.museum; Straßenbahn 4, 8, 9 bis Theaterplatz

Napoleonstein

Die meisten schauen nach oben – zum Georgentor des Schlosses, zur Kathedrale – und so wird der Stein mit dem eingravierten »N« im Pflaster des Schlossplatzes oft übersehen. Es ist – oder besser wohl: es soll – eine historische Stelle sein. Hier vor der Kathedrale soll Napoleon Bonaparte am 26. August 1813 gestanden und die Parade seiner Truppen abgenommen haben. Anschließend fand die Schlacht bei Dresden statt, die letzte, die der Franzose gewann. Zwei Monate später erlitt er in der Völkerschlacht bei Leipzig eine vernichtende Niederlage. Auch für die Sachsen war das ein tragisches Ereignis, denn sie standen, wie so oft, auf der verkehrten Seite. Bezahlen mussten sie es auf dem Wiener Kongress mit der Teilung ihres Landes. Napoleon I. hatte Dresden insgesamt elf Mal besucht, errechneten Historiker. Die Wettiner sahen ihn gern, denn schließlich verdankten sie dem Franzosen seit 1806 die Königswürde.

4 Top ⇒ Grünes Gewölbe – legendäre Schatzkammer

Diamanten, Smaragde, Rubine und Türkise glitzern und funkeln hinter meterdicken Mauern. Sie gehören zu kunsthandwerklichen Arbeiten, die die Besten ihres Fachs angefertigt haben. Zu sehen sind sie im Grünen Gewölbe des Residenzschlosses, einer der berühmtesten Pretiosensammlungen der Welt.

Die von Touristen aus dem In- und Ausland bewunderten Goldschmiede-, Elfenbein-, Bernstein- und Steinschnittarbeiten kamen aus der Kunstkammer der Wettiner, den fürstlichen Privatgemächern, wurden angekauft oder von Hofkünstlern eigens für das Grüne Gewölbe geschaffen. Die seit dem 16. Jahrhundert belegte Bezeichnung Grünes Gewölbe geht auf den teilweise grün gestrichenen und gewölbten Tresorraum im Erdgeschoss des Schlosses zurück. Dresden besitzt mit dem Grünen Gewölbe eines der größten, reichsten und ältesten Schatzkammermuseen, das seine Exponate in zwei Ausstellungsbereichen unterschiedlichen Charakters präsentiert.

Neues Grünes Gewölbe: Im Obergeschoss des Westflügels sind rund 1000 ausgesuchte Glanzstücke des Kunsthandwerks in spiegelfreien Vitrinen zu sehen. Eines der kleinsten Ausstellungsstücke hat es hier zu großer Aufmerksamkeit gebracht: ein Kirschkern. Einem Inventarverzeichnis von 1595 zufolge soll das Meisterwerk der Mikroschnitzerei 185 menschliche Gesichter zeigen. Durch eine Lupe können die Besucher die Probe aufs Exempel machen. Wer partout nicht alle 185 Gesichter entdeckt, dem sei zur Beruhigung gesagt: Auch Experten konnten in dem Wunderwerk der Schnitzkunst »nur« 113 Gesichter ausmachen. Einen weiteren Anziehungspunkt bildet der Tischaufsatz »Hofstaat von Delhi am Geburtstag des Großmoguls Aureng-Zeb«, den Hofgoldschmied Johann Melchior Dinglinger (1664–1731) schuf. Die kleine Märchenwelt gilt als Hauptwerk der europäischen Juwelierkunst des Barock. Acht Jahre arbeitete Dinglinger mit seinen beiden Brüdern und zahlreichen Gehilfen ohne Auftrag daran. 137 aus Gold gegossene und farbig emaillierte Figuren tummeln sich in dem Festumzug, der zeigt, wie es am Hofe des Großmoguls von Indien Ende des 17. Jahrhunderts zuging. Über 5000 Diamanten, Smaragde, Rubine und Perlen haben sie verarbeitet. August des Starken Begeisterung für das 58 mal 142 mal 114 Zentimeter große Kunstwerk war so groß, dass er es Dinglinger Ende März 1709 für knapp 60 000 Taler abkaufte. Mit dieser Summe zahlte er mehr, als ihn der Rohbau

Pretiosensaal im Historischen Grünen Gewölbe

seines Schlosses Moritzburg gekostet hatte. Mit dem Bezahlen hatte der Kurfürst allerdings seine Schwierigkeiten, er einigte sich deshalb mit dem Künstler auf eine Ratenzahlung.

Historisches Grünes Gewölbe: Etwa 3000 Meisterwerke des Kunsthandwerks sind in der rekonstruierten Schatzkammer von August dem Starken im Erdgeschoss des Westflügels zu bewundern. Wie zu Zeiten des Kurfürsten stehen die Arbeiten frei auf Konsolen vor reich verzierten und verspiegelten Schauwänden. Zu den Glanzstücken gehört der »Mohr mit Smaragdstufe«. Die rund 64 Zentimeter hohe Figur aus lackiertem Birnbaumholz hat Hofgoldschmied Johann Melchior Dinglinger im Auftrag von August dem Starken geschaffen. Der wollte die aus Kolumbien stammenden Smaragdkristalle, die Kurfürst August (1526–1586) im Jahr 1581 von Kaiser Rudolf II. (1552–1612) geschenkt bekommen hatte, würdevoll präsentieren. Den Höhepunkt des Besuchs dürfte wohl der mit vergoldeten Spiegelwänden ausgestattete Juwelenraum bilden. Zu den präsentierten Schätzen gehören der weltweit einmalige Saphir von 648 Karat, ein Geschenk von Zar Peter dem Großen, und die Brillantgarnitur, ein Gewandschmuck, der auf der Schulter getragen wurde.

ℹ️ Öffnungszeiten: Residenzschloss Mi–Mo 10–18 Uhr (Die Eintrittskarte ist gültig für den Hausmannsturm, das Neue Grüne Gewölbe und die anderen Museen sowie Sonderausstellungen im Schloss, ausgenommen das Historische Grüne Gewölbe); Historisches Grünes Gewölbe: Der Einlass erfolgt ausschließlich mit Zeittickets. Das Zeitfenster wird bei der Ticket-Buchung im Voraus oder beim Kauf einer Karte an der Tageskasse festgelegt (es besteht Garderoben- und Taschenabgabepflicht); Staatliche Kunstsammlungen Dresden, 01067 Dresden, Tel. 0351/49 14 20 00, www.skd.museum; Straßenbahn 4, 8, 9 bis Theaterplatz

5 Rüstkammer – Prunkwaffen und Kostüme

Kostbare Prunkwaffen und Kostüme haben die Wettiner in ihrer Rüstkammer zusammengetragen, etwa 10 000 Objekte aus dem 16. bis 18. Jahrhundert. Es sind Meisterwerke von Waffenschmieden, Künstlern und Kunsthandwerkern aus vielen Ländern, darunter das erste sächsische Kurschwert von 1425, mit dem Friedrich der Streitbare

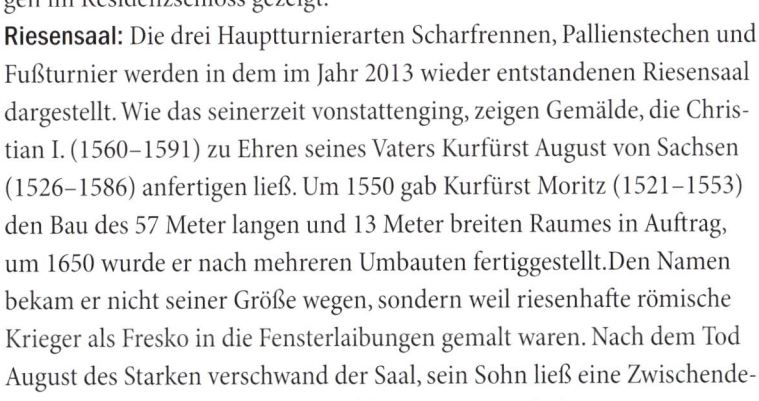

Dolchgriffe, 16. Jh.

(1370–1428) von Kaiser Sigismund (1368–1437) mit der sächsischen Kurwürde belehnt wurde, sowie der Felddegen von Zar Peter dem Großen (1672–1725). Die Rüstkammer, die sich von 1959 bis 2012 in der Osthalle des Semperbaus des Zwingers befand, gilt als eine der kostbarsten Prunkwaffen-, Harnisch- und Kostümsammlungen der Welt. Rund 1000 Objekte werden in den beiden Dauerausstellungen im Residenzschloss gezeigt.

Riesensaal: Die drei Hauptturnierarten Scharfrennen, Pallienstechen und Fußturnier werden in dem im Jahr 2013 wieder entstandenen Riesensaal dargestellt. Wie das seinerzeit vonstattenging, zeigen Gemälde, die Christian I. (1560–1591) zu Ehren seines Vaters Kurfürst August von Sachsen (1526–1586) anfertigen ließ. Um 1550 gab Kurfürst Moritz (1521–1553) den Bau des 57 Meter langen und 13 Meter breiten Raumes in Auftrag, um 1650 wurde er nach mehreren Umbauten fertiggestellt. Den Namen bekam er nicht seiner Größe wegen, sondern weil riesenhafte römische Krieger als Fresko in die Fensterlaibungen gemalt waren. Nach dem Tod August des Starken verschwand der Saal, sein Sohn ließ eine Zwischendecke einziehen und ihn in mehrere kleine Räume aufteilen.

Türckische Cammer: Hier zeigt die Rüstkammer weitere 600 Objekte aus ihrer Sammlung. Die Bewunderung für das damalige osmanische Reich

»Scharfrennen« im Riesensaal

hatte unter August dem Starken ihren Höhepunkt erreicht. Der schickte mehrfach seinen Adjutanten Johann Georg Spiegel auf Einkaufstour nach Konstantinopel. Was dieser mitbrachte, versetzt die Besucher unserer Tage in Erstaunen. Im Blickpunkt stehen ein 20 Meter langes, acht Meter breites und sechs Meter hohes osmanisches Staatszelt aus dem 17. Jahrhundert sowie acht aus Holz geschnitzte, prunkvoll geschmückte Pferde in Originalgröße.

ℹ Öffnungszeiten: Mi–Mo 10–18 Uhr; Staatliche Kunstsammlungen, Taschenberg 2, 01067 Dresden, Tel. 0351/49 14 20 00, www.skd.museum; Straßenbahn 4, 8, 9 bis Theaterplatz

6 Taschenbergpalais – das Domizil der Gräfin Cosel

Im Taschenbergpalais wohnte die Reichsgräfin von Cosel (1680–1765), die Mätresse von August dem Starken. Viele Geschichten ranken sich um die Beiden und um das Haus, beispielsweise, dass der Übergang vom Schloss zum Taschenbergpalais errichtet wurde, damit der Kurfürst bei Dunkelheit rasch zu seiner Geliebten kommen konnte. Die Brücke entstand aber erst, als August der Starke schon mehr als 150 Jahre tot war. Sie wurde gebaut, damit man vom Schloss schnell zu den Wohngemächern der jeweiligen Kronprinzenfamilie gelangen konnte. Tatsache ist, dass der Kurfürst um 1705 den Befehl erteilte, für seine Cosel ein Palais zu errichten. Und Tatsache ist auch, dass er verfügte, das Palais solle in Schlossnähe entstehen, denn weit wollte es der Kurfürst zur Geliebten nicht haben. Wegen seiner orientalischen Inneneinrichtung sprach man seinerzeit vom Türckischen Palais. Nachdem die Gräfin bei August in Ungnade gefallen war, hieß es dann Prinzenpalais, weil der Barockbau

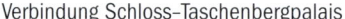

Verbindung Schloss-Taschenbergpalais

In der Kronprinzensuite

als Wohnsitz der sächsischen Kur-
prinzen diente. Die ließen 1756 den
Westflügel und 1763 den Ostflügel
hinzufügen. Der heutige Name des
Hauses, »Taschenbergpalais«, geht
auf den Taschenberg zurück, einen
alten, aber schon lange nicht mehr
erkennbaren Hügel am Elbufer.
Nach der Kriegszerstörung 1945
rekonstruierte man die Fassade
des Hauses so, wie sie im späten
18. Jahrhundert ausgesehen hat,
lediglich das einfache Dach wurde
durch ein hohes Mansarddach
ersetzt. Seit 1995 strahlt die reich
dekorierte, gelb und weiß gestri-

Eingang zum Taschenbergpalais

chene Fassade wieder zwischen Residenzschloss und Zwinger – einen
besseren Standort hätte sich das Unternehmen Kempinski wahrlich
nicht für sein Luxushotel wünschen können. Heute steigt hier ab, wer
Rang und Namen hat, die Gästeliste reicht von Jacques Chirac über Fürst
Albert II. von Monaco bis zu Thomas Gottschalk.

> Hotel Taschenbergpalais Kempinski, Taschenberg 3, 01067 Dresden,
> Tel. 0351/4 91 20, www.kempinski-dresden.de;
> Straßenbahn 1, 2, 4, 8, 9 und Bus 94 bis Postplatz, 4, 8, 9 bis Theaterplatz

7 Cholerabrunnen – sprudelnde Danksagung

Um 1840 grassierte in Sachsen die Pest und raffte Zehntausende Menschen hinweg. Auch der Königlich Sächsische Amtshauptmann Freiherr
Eugen von Gutschmid bangte um sein Leben und das seiner Familie.
Doch Dresden blieb von der Infektionskrankheit verschont. Überglück-
lich darüber und weil er es sich finanziell leisten konnte, stiftete Gutschmid als Dank einen Brunnen. Der große Gottfried Semper schuf den
Entwurf. Der Auftraggeber bestimmte, dass die Anlage dem Nürnberger
»Schönen Brunnen« ähneln sollte, und so kam Dresden zu seinem orna-
mentreichsten Brunnen, zu dem vier 90 Zentimeter hohe Figuren gehören. Das sind im Norden Wittekind, der als erster Fürst der alten Sachsen
im Jahr 785 getauft wurde, im Osten der als »Apostel der Deutschen«
verehrte Winfried Bonifatius, im Süden der Prophet Johannes der Täufer
und im Westen die heiliggesprochene Elisabeth, Landgräfin von Thürin-

gen. Die Wasser speienden Reptili-
en sollen auf die gesundheitlichen
Gefahren hinweisen, die unreines
Trinkwasser verursacht. Die 15 Meter hohe Spitzsäule aus Sandstein
erhebt sich aus dem achteckigen
Granitbecken wie ein gotisches Sa-
kramentshäuschen. Der Brunnen,
der seit 1846 sprudelt, kam 1927
vom Postplatz, wo er zum Verkehrs-
hindernis geworden war, an seinen
jetzigen Standort vor der Westseite
des Taschenbergpalais.

Zwerg des Cholerabrunnens

🄸 Sophienstraße, 01067 Dresden;
Straßenbahn 1, 2, 4, 8, 9 und Bus 94 bis Postplatz, 4, 8, 9 bis Theaterplatz

8 Top ➠ Zwinger – ein »Traum aus Sandstein«

Ein »Traum aus Sandstein« sagen viele zum Zwinger, dem Meisterstück
deutscher Barockarchitektur. Baumeister Matthäus Daniel Pöppelmann
(1662–1736) nannte sein prachtvolles Werk »Römische Schauburg«.
Errichtet wurde die höfische Anlage zwischen der inneren und der
äußeren Stadtmauer. Dieser Lage verdankt sie ihren martialischen

Zwinger in Richtung Wallpavillon

Namen, da man dort gelegene Wehranlagen als Zwinger bezeichnete.
Der Verteidigung diente der Bau jedoch nie. Die prächtige Festarchi-
tektur, allen voran der einzigartige plastische Schmuck von Balthasar
Permoser (1651–1732) bildete den Rahmen für die legendären Feiern
August des Starken und seines Nachfolgers. Zu den schönsten barocken
Wasserkunstwerken gehört das Nymphenbad hinter dem Französischen
Pavillon, eine märchenhafte Anlage. Das Wasser läuft aus einem Brun-
nen oben auf dem Wall über einen gestuften künstlichen Wasserfall nach
unten, wo es in ein halbrundes Becken plätschert. Sechs der Nymphen-
figuren auf der linken Seite, die der Anlage den Namen gaben, und die
Wasser speienden Delphine – heute alles Kopien – haben der große
Barockbaumeister Balthasar Permoser und seine Schüler geschaffen.
Die Figuren auf der rechten Seite dagegen stammen aus den 1920er-
und 1930er-Jahren, als der Zwinger restauriert wurde. Auch das große
Mittelbecken war bei der Einweihung 1719 noch nicht vorhanden, das
kam erst im 20. Jahrhundert dazu. Ein Bad im eigentlichen Sinne ist das
Kunstwerk natürlich nicht, als Wassertheater bezeichnen es die einen, als
Grottensaal die anderen.
Im Zwinger befinden sich der Mathematisch-Physikalische Salon
(s. S. 30) und die Porzellansammlung (s. S. 29). Der rechteckige, an den
Langseiten durch halbrunde Seitenhöfe erweiterte Zwingerhof präsen-
tiert sich dem Besucher unserer Tage von wunderbarer Geschlossenheit.

Blick von der Balustrade in den Zwingerhof

Die gibt es jedoch erst seit Mitte des 19. Jahrhunderts, als die bislang zum Theaterplatz hin offene Seite mit dem sogenannten Semperbau geschlossen wurde, der die Gemäldegalerie Alte Meister (s. S. 31) beherbergt. Die von Pöppelmann geplanten Brunnen in der Mitte des Hofes entstanden erst zu Beginn des 20. Jahrhunderts. Wie einst zu Zeiten der Kurfürsten lässt es sich gut auf den Balustraden lustwandeln und auch heute noch wird im Zwinger musiziert. Ein abendliches Serenadenkonzert gehört zu einem besonderen Erlebnis in Dresden.

ℹ️ Öffnungszeiten: Innenhof des Zwingers 5–22 Uhr; Zwinger, Postplatz/Theaterplatz, 01067 Dresden, www.schloesserland-sachsen.de;
Straßenbahn 1, 2, 4, 8, 9 und Bus 94 bis Postplatz, 4, 8, 9 bis Theaterplatz

Glockenspiel

Der südlich im Zwinger gelegene Stadtpavillon heißt heutzutage Glockenspielpavillon. Schon Pöppelmann hatte das Glockenspiel an dieser Stelle vorgesehen, doch eingebaut wurde es erst rund 200 Jahre später. Erstmals erklang es auf der Hygieneausstellung 1930, danach wanderte es zum Zwinger, wo

es, geschmückt mit einer Uhr, seit 1933 spielt. Glockenspiel und Uhr überstanden den Zweiten Weltkrieg, der Pavillon wurde schwer beschädigt. Beim Wiederaufbau erweiterte man das Glockenspiel aus Meissener Porzellan von 24 auf 40 Porzellanglocken. Alle 15 Minuten erklingt eine von Günter Schwarze speziell für den Zwinger komponierte Stundenschlagmelodie. Um 10.15, 14.15 und 18.15 Uhr intoniert das Glockenspiel zudem je nach Jahreszeit ein anderes Stück, Humperdincks »Abendsegen« aus »Hänsel und Gretel« ist ebenso zu hören wie der »Jägerchor« aus Carl Maria von Webers Oper »Der Freischütz«. Im Winter schweigen die Glocken allerdings, da die computergesteuerte Mechanik Kälte und Eis nicht verträgt.

9 Porzellansammlung – »weißes Gold« in Vollendung

August der Starke liebte Porzellan, alles, was er haben konnte, ließ er kaufen. Ein »Porzellanschloss« schwebte ihm vor, das Dresden zu *der* Kunststadt Europas machen sollte. Der Tod des Königs verhinderte das Vorhaben, die Schätze aber blieben in der Stadt und ein großer Teil steht heute im Südwestpavillon des Zwingers zum Bewundern bereit.

Die Dresdner Porzellansammlung gehört neben der des chinesischen Kaiserpalastes in Peking und der des Serail-Museums in Istanbul zu den bedeutendsten Museen ihrer Art auf der Welt. Die schönsten der 20 000 erhaltenen Stücke werden präsentiert. Die Ausstellung gibt einen Überblick über die Produktion der Meissener Manufaktur von der Erfindung des europäischen Porzellans 1710 bis zum Ende des 18. Jahrhunderts. Zu sehen sind lebensgroße Tierfiguren von Johann Joachim Kändler ebenso wie die Chinoiserien von Johann Gregorius Höroldt. Der Bestand an japanischem Porzellan ist der umfangreichste außerhalb Japans. Präsentiert werden die Stücke in der Ostasien-Galerie auf vergoldeten Konsolen und prachtvollen Tischen, für die ein Entwurf von 1735 als Vorlage diente. Wie auch viele andere, sind diese Porzellane mit der sogenannten »Johanneumsnummer« von 1721 versehen. Das bedeutet, sie sind bereits im ersten Inventarverzeichnis enthalten, das auf 884 Seiten mehr als 23 000 Porzellane registriert. Darunter sind auch einen Meter hohe Deckelvasen mit blauer Unterglasurmalerei, die als

Bogengalerie der Porzellansammlung

»Dragonervasen« in die Kunstgeschichte eingingen. 1717 hat sie August der Starke von Preußenkönig Friedrich Wilhelm I. (1688–1740) erworben, bezahlt hat er die 151 Vasen mit Menschen, mit 600 sächsischen Dragonern.

ℹ️ Öffnungszeiten: Di–So 10–18 Uhr; Staatliche Kunstsammlungen Dresden; Zwinger, Sophienstraße 2, 01067 Dresden, Tel. 0351/49 14 20 00, www.skd.museum; Straßenbahn 1, 2, 4, 8, 9 und Bus 94 bis Postplatz

10 Mathematisch-Physikalischer Salon – kunstvolle Instrumente

Das Museum vereint erlesenes Kunsthandwerk und wissenschaftlichen Entdeckungsdrang. Seit seiner Gründung als eigenständiges Museum 1728 befindet es sich im Zwinger. Die Anfänge gehen auf die bereits 1560 gegründete Kunst- und Raritätenkammer zurück. Wegen ihrer Geschlossenheit besitzen die Sammlungen des Mathematisch-Physikalischen Salons internationale Bedeutung, beispielsweise die Uhrensammlung, die einen Überblick über 500 Jahre Zeitmessung gibt. Zu den Glanzstücken gehören die Planetenlaufuhr von Eberhard Baldewein von 1563–1569 sowie die russische Holztaschenuhr von um 1850. Mit Ausnahme der Aufzugsfeder und der Unruhe sind alle Teile wie Zahnräder, Zeiger und Verschraubungen aus Birkenwurzelholz geschnitzt. Nicht minder berühmt ist die Globensammlung, die seit der Wiedereröffnung des Museums im Jahr 2013 in einem tageslichtfreien Raum präsentiert wird. Dadurch können auch aus handkoloriertem Papier bestehende und daher sehr lichtempfindliche Globen gezeigt werden. Ältestes und kostbarstes Exponat dieser Sammlung ist der 1279 in Damaskus gefertigte Himmelsglobus. Das Glanzstück persisch-arabischer Instrumentenkunst stammt aus der Sternwarte Meragha. Ebenfalls zu den Kostbarkeiten gehört der 1586 signierte und vergoldete, fast 60 Zentimeter hohe Himmelsglobus

Domizil des Museums

»Türkischer Reiter«, Ende 16. Jh.

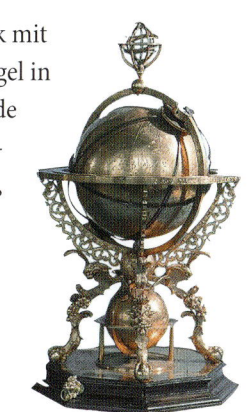

von Georg Roll und Johannes Reinhold. Das Uhrwerk mit einer achttägigen Gangdauer bewegt die Himmelskugel in 24 Stunden einmal um ihre Achse. Weitere bedeutende Sammlungen umfassen geodätische, optische und astronomische Instrumente, Waagen und Längenmaße, Thermometer und Barometer, Kompassgeräte sowie Rechen- und Zeichenhilfsmittel vergangener Zeiten.

ℹ️ Öffnungszeiten: Di–So 10–18 Uhr; Staatliche Kunstsammlungen Dresden, Zwinger, 01067 Dresden, Tel. 0351/49 14 20 00, www.skd.museum, Straßenbahn 1, 2, 4, 8, 9 und Bus 94 bis Postplatz

11 Top ➡ Gemäldegalerie Alte Meister – Ikonen der Weltkultur

»Platz für den großen Raffael«, soll Kurfürst Friedrich August II. (1696–1763) ausgerufen und seinen Thronstuhl eigenhändig beiseite gerückt haben, als die »Sixtinische Madonna« hereingetragen wurde. So erzählt es die Geschichte, und so hat es Adolph Menzel in einem seiner Gemälde festgehalten. Um den Preis von Raffaels Bild war jahrelang gefeilscht worden, bis es endlich im Januar 1754 in einer Kiste verpackt von Italien über die Alpen nach Dresden reiste. Die Galerie mit ihrer unvergleichlichen Sammlung alter europäischer Malerei bewahrt Schätze der Weltkultur: Neben der »Sixtinischen Madonna« als Ikone wird Rembrandts »Selbstbildnis mit Saskia« gezeigt, Vermeer van Delfts »Bei der Kupplerin«, Peter Paul Rubens »Wildschweinjagd«, Liotards »Das Schokoladenmädchen«, Tizians »Zinsgroschen« und Cranachs »Katharinenaltar«. Mit 58 Cranach-Werken besitzt die Galerie die weltweit größte Sammlung aus der Wittenberger Werkstatt. Lucas Cranach d. Ä. gehört zu den bedeutendsten Malern der deutschen Renaissance.

Giorgiones »Schlummernde Venus« war 1699 das erste Meisterwerk, das August der Starke in die Sammlung brachte. Von da an reis-

»Sixtinische Madonna«

Der sogenannte Semperbau

ten seine Kunstagenten ständig umher, um für ihn und danach für seinen Sohn Friedrich August II. Bilder zu erwerben. Johann Wolfgang von Goethe schrieb über seinen Besuch: »Ich trat in dieses Heiligtum, und meine Verwunderung überstieg jeden Begriff, den ich mir gemacht hatte«. Als er die Sammlung besuchte, waren die Bilder noch im Johanneum zu sehen und gegen eine geringe Gebühr durften »Fremde und gebildete Einheimische« sie betrachten. Erst 1855 zog die Sammlung in den neuen Semperbau am östlichen Zwingerrand. Die meisten der Hauptwerke wurden in nur etwa einem halben Jahrhundert für die Galerie erworben. Anfang des 20. Jahrhunderts gliederte man aus Platzgründen die modernen Gemälde aus, was zur Gründung der Galerie Neue Meister führte, die sich im Albertinum (s. S. 53) befindet. Im Zweiten Weltkrieg waren die Bilder ausgelagert, nach Kriegsende ließ die Sowjetarmee die wertvollsten Bilder nach Moskau und Kiew transportieren. Die SED stellte das als »Rettungsaktion« dar, weil es durch die Kriegszerstörungen im Land zwischen Oder und Elbe keine sicheren Aufbewahrungsmöglichkeiten gegeben habe. 1955 kehrten die Bilder nach Dresden zurück, seitdem werden sie wieder in der Semgergalerie am Zwinger gezeigt. Der Star der Galerie, die »Sixtinische Madonna«, hängt im 1. Obergeschoss.

ℹ️ Öffnungszeiten: Mi–Mo 10–18 Uhr; Staatliche Kunstsammlungen Dresden, Theaterplatz 1, 01067 Dresden, Tel. 0351/49 14 20 00, www.skd.museum, Straßenbahn 4, 8, 9 bis Theaterplatz

Zwei Weltstars

Zwei lausbübische Engelchen wurden zu Weltstars. Die pausbäckigen und geflügelten Knaben mit den dunkelblonden Locken und großen Augen reisen um den Erdball. Millionenfach schmücken sie Poster und Postkarten. Die Putten stehen für Kitsch, aber auch für Kunst. Die wenigsten wissen, dass die beiden Himmelsknaben zu einem der berühmtesten Gemälde der Welt gehören, sie sind Dekor am unteren Bildrand von Raffaels »Sixtinischer Madonna«. Im Jahr 1803 wurden die Engel erstmals aus dem Bild ausgekoppelt. Um 1900 schmückten sie Gemälde in fürstlichen Palästen und Stickbilder in einfachen Häusern. Ihre internationale Karriere begann, als die Werbeindustrie sie entdeckte, von da an kamen sie auf Schuhcremegläser, Bettwäsche, Keksdosen, Hundehalsbänder und Christbaumschmuck. Aber auch die Kunst- und Kulturstadt Dresden setzt die beiden berühmtesten Lümmel der Kunstgeschichte als Werbeträger ein.

12 Top ➡ Semperoper – weltbekanntes Musiktheater

Die Sächsische Staatsoper wurde unter dem Namen ihres Architekten weltbekannt: als Semperoper. Sie gehört zu Europas schönsten Opernhäusern – wegen ihrer Architektur und ihrer besonderen Akustik. Für Gottfried Semper (1803–1879) war nicht nur der ästhetische Anblick des Gebäudes entscheidend, er verband es hervorragend mit der Funktion.

Theaterplatzseite der Semperoper

Rundfoyer und ...

Zuschauerraum in der Semperoper

Das Opernhaus ist das dritte an Dresdens Theaterplatz, das nach den Plänen ein und desselben Architekten entstand. Allein das gibt ihm ein Alleinstellungsmerkmal. 1841 öffnete Gottfried Sempers erstes Bauwerk unter dem Namen Hoftheater. Es machte seinen Architekten über Nacht berühmt, denn das Theater in den Formen der italienischen Renaissance wurde als eines der schönsten Europas gerühmt. Richard Wagner war hier als Kapellmeister tätig. 1869 vernichtete ein Brand das prachtvolle Gebäude. Doch der König wollte nicht ohne sein Hoftheater sein und ließ nach den Plänen von Gottfried Semper 1871–1878 einen Neubau errichten. Semper selbst war in Wien unabkömmlich, er beauftragte seinen Sohn Manfred mit der Bauausführung. Auch die zweite Semperoper avancierte schnell zu einer der angesehensten Bühnen Europas. An ihr fanden 51 Ur- und 120 Erstaufführungen statt, zu den mit dem Opernhaus verbundenen Künstlern gehörten Ernst Edler von Schuch, Fritz Busch und Karl Böhm, die hier die 1548 durch Kurfürst Moritz von Sachsen (1521–1553) gegründete Sächsische Staatskapelle dirigierten. Richard Strauss ließ von seinen 15 Opern neun in Dresden uraufführen, darunter den »Rosenkavalier«. Im Februar 1945 sank beim Bombeninferno auch dieses Opernhaus in Schutt und Asche. Die 1977 begonnene Rekonstruktion stellte den Originalzustand des zweiten Semperbaus wieder her. Am 13. Februar 1985, genau 40 Jahre nach der Zerstörung im Zweiten Weltkrieg, wurde das Haus zum dritten Mal eröffnet. Auf dem Programm stand Carl Maria von Webers »Freischütz«, die Oper war auch als letzte Aufführung vor der Schließung gespielt worden. Die Welt hat 1985 eines ihrer schönsten Musiktheater zurückerhalten, die königliche Atmosphäre und die exzellente Akustik garantieren einen unvergesslichen Abend.

ℹ️ Sächsische Staatsoper, Theaterplatz 2, 01067 Dresden, Tel. 0351/491 10, www.semperoper.de; Straßenbahn 4, 8, 9 bis Theaterplatz

Gottfried Semper

Auf der Brühlschen Terrasse ehrt Dresden den Architekten Gottfried Semper
(1803–1879). Der Professor an der
Dresdner Kunstakademie gehört zu
den ganz Großen des 19. Jahrhunderts.
Semper hat die italienische Renaissance als Baustil wiederentdeckt, in der
Elbestadt wirkte er von 1834 bis 1849.
Hinterlassen hat er die als Abschluss
des Zwingers gebaute Gemäldegalerie
Alte Meister und die Oper. Als über-
zeugter Republikaner war er an den
revolutionären Ereignissen im Mai 1849
beteiligt. Da er als einer der »Haupträ-
delsführer« steckbrieflich gesucht wurde,

flüchtete er aus dem Königreich. Zürich und Wien waren Sempers neue
Wirkungsstätten. Das Burgtheater in der österreichischen Hauptstadt entstand
nach seinen Plänen. Nach Dresden ist Gottfried Semper nicht mehr zurückgekehrt. 1879 verstarb er in Rom. Seine letzte, noch erhaltene Ruhestätte
bekam er dort auf dem Friedhof »Cimitero acattolico«.

13 Altstädter Wache – ein Werk des berühmten Schinkel

Steht gegenüber der Semperoper eine Kopie der Neuen Wache von
Berlin? Die Altstädter Wache von 1833 weist eine große Ähnlichkeit mit
dem Bau Unter den Linden in der Hauptstadt auf. Wen wundert's? Haben
doch beide Bauwerke denselben Architekten: Karl Friedrich Schinkel
(1781–1841). Dem preußischen Oberlandesbaudirektor schien Dresden
zu gefallen, erstmals weilte er im Sommer 1811 in der Stadt, als er mit
seiner Frau auf der Durchreise war.
1829 besuchte er erneut Dresden, vermutlich erhielt er da den
Auftrag des Königs, in der Nähe des
Residenzschlosses ein Wachgebäude
zu errichten. Schinkel verschmähte
den Baustil des Barock und Rokoko,
er bevorzugte den Klassizismus,
deshalb lehnte er sich an antike
Architekturformen an. In Berlin
hatte er die blockhafte Form eines

Blick auf die Altstädter Wache

Rückseite von Schinkels Altstädter Wache

römischen Kastells mit dorischen Säulen gewählt, in Dresden entschied er sich für den Typus des ionischen Tempels mit einem Portikus
von sechs Säulen, die jeweils aus einem Stück Sandstein bestehen.
In dem Gebäude, dem einzigen Zeugnis des berühmten Preußen in
Dresden, befand sich die Polizeiwache der Altstadt. Heute beherbergt
es ein Café und eine Theaterkasse. In Verehrung seines Schöpfers wird
meist nur von der »Schinkelwache« gesprochen. Das war aber nicht
immer so. Der Bau mit seiner klassizistischen Strenge stieß im barocken
Dresden auf Ablehnung. Auch Gottfried Semper gehörte dazu, der wollte
die Altstädter Wache kurz nach ihrer Fertigstellung an die Elbe umset-
zen, also weg von Oper und Gemäldegalerie.

ℹ️ Altstädter Wache, Theaterplatz, 01067 Dresden
Straßenbahn 4, 8, 9 bis Theaterplatz

14 Denkmal für König Johann – der Dante-Forscher hoch zu Ross

Mitten auf dem Theaterplatz steht seit 1889 das bronzene Reiterdenkmal
von König Johann von Sachsen (1801–1873). Der Monarch schaut in
Richtung Kathedrale, weil er, so wird erzählt, seit mehr als 150 Jahren
darauf achte, dass sein besonders schmuckreicher Sarkophag nicht aus
der Gruft der Kirche gestohlen werde. Was wohl kaum möglich ist, denn
wer sollte das fünf Tonnen schwere Grabdenkmal die schmale Treppe
hochwuchten? Johann hat das Sachsenland von 1854 bis 1873 regiert, an
die Macht kam er nach dem plötzlichen Unfalltod seines Bruders König
Friedrich August II. (1797–1854). Die Königswürde lag ihm eigentlich

nicht, er fühlte sich mehr den Wis-
senschaften zugeneigt. Er erwarb
sich als Dante-Forscher einen
Namen und übersetzte unter dem
Pseudonym Philalethes die »Göttliche Komödie« vom Italienischen
ins Deutsche. 1846 ernannte ihn die
Sächsische Gesellschaft der Wissen-
schaften zu ihrem Ehrenmitglied.
»Der Professor« hieß der König in
adligen Kreisen. Das Denkmal von
Johannes Schilling zeigt Johann
in königlicher Pose mit Mantel
und Zepter hoch zu Ross, auf
einem reich reliefierten Sockel mit
Motiven aus Kunst, Handel und
Gewerbe, Landleben, Wissenschaft
und Militär. Sogar die »Saxonia«,
die erste in Deutschland gebaute
Lokomotive, ist zu entdecken. Sie

Denkmal für König Johann

befindet sich auf der der Elbe zugewandten Seite. Nach dem König ist
der Stadtteil Johannstadt auf dem linken Elbufer benannt. Sein Denkmal steht aus gutem Grund auf dem Theaterplatz: Johann hat 1871 den
Grundstein zu Sempers zweitem Hoftheater gelegt. Warum aber König
und Pferd dem Theater ihr Hinterteil zeigen, also quasi vom Theater weg
reiten, das hat bis heute noch keiner herausgefunden.

🛈 Theaterplatz, 01067 Dresden; Straßenbahn 4, 8, 9 bis Theaterplatz

15 Italienisches Dörfchen – Restaurant am Elbufer

Die Italiener, die hier am Elbufer wohnten und nach denen das Restaurant benannt wurde, sind schon lange weg. Sie weilten in Dresden, um
beim Bau der Katholischen Hofkirche mitzuwirken. Im protestantischen
Sachsen konnte kein einheimischer Baumeister beauftragt werden, ein
katholisches Gotteshaus zu errichten. Deshalb holte Kurfürst Friedrich
August II. den italienischen Architekten Gaetano Chiaveri (1689–1770),
der zahlreiche Landsleute mitbrachte. Die errichteten für sich unweit
des Bauplatzes 32 Wohnhäuschen. Als Anfang des 20. Jahrhunderts der
Theaterplatz zur Elbseite geschlossen werden sollte, erinnerte man sich
der Wohnunterkünfte der Italiener von vor 150 Jahren. Stadtbaurat Hans

Restaurant Italienisches Dörfchen

Erlwein (1872–1914) nahm den Gedanken auf und schuf 1911–1913
ein flaches, sandsteinverkleidetes Bauwerk, das den Namen »Italienisches Dörfchen« bekam. Mit seiner klassizistischen Fassade passt es sich
bestens dem Gesamtensemble des Theaterplatzes an. Welches ist der
schönste Raum? Darüber soll schon mancher Streit entbrannt sein. Das
Kurfürstenzimmer mit dem Ausblick auf Theaterplatz und Opernhaus,
Basteischlösschen und Elbe? Der Biersaal mit der wunderschön bemalten
Holzbalkendecke und den Hirschköpfen, die Georg Wrba (1872–1939)
modelliert hat, einer der bedeutendsten deutschen Bildhauer des
20. Jahrhunderts? Das Weinzimmer oder das Ristorante Bellotto? Wie
dem auch sei: Das Italienische Dörfchen mit seinen unterschiedlich gestalteten Gasträumen zählt zu den meistbesuchten Restaurants Dresdens.

ℹ️ Italienisches Dörfchen, Theaterplatz 3, 01067 Dresden, Tel. 0351/49 81 60,
www.italienisches-doerfchen.de; Straßenbahn 4, 8, 9 bis Theaterplatz

Kurfürstenzimmer

16 Kathedrale St. Trinitatis – Sachsens größte Kirche

Mit 4793 Quadratmeter Grundfläche darf sich die Kathedrale als Sachsens größte Kirche bezeichnen. Ein päpstliches Dekret erhob die einstige Katholische Hofkirche 1980 zur Kathedrale des Bistums Dresden-Meißen. Kurfürst Friedrich August II., der Sohn August des Starken, wollte ein Bauwerk errichten, das »die Nachkommen anstaunen sollten«. Das ist ihm gelungen. Die Kirche gilt als die letzte große Leistung des römischen Barock. Um die polnische Königskrone zu erlangen, musste August der Starke zum Katholizismus übertreten, sein Sohn – als König von Polen August III. – folgte ihm einige Jahrzehnte später. Der Bau eines repräsentativen katholischen Gotteshauses war unausweichlich. Erbaut wurde es von 1739 bis 1751 von dem römischen Architekten Gaetano Chiaveri aus Sandstein und geschmückt mit 78 aus Sandstein geschlagenen, bis zu 3,50 Meter hohen Heiligenfiguren von Lorenzo Mattielli (1688–1748). Der Bau des Gotteshauses kostete das Dreifache von dem, was die protestantische Frauenkirche verschlungen hatte. Das Innere der Kirche weist eine Besonderheit auf: einen 3,50 Meter breiten Prozessionsgang um das Mittelschiff, weil im evangelischen Dresden katholische Prozessionen nicht im Freien abgehalten werden durften. In die Logen beiderseits des Hauptaltars gelangte die königliche Familie vom Schloss über eine neobarocke Kupferbrücke. Zu den Kostbarkeiten im Inneren gehören die Silbermannorgel (s. S. 41) und der Hauptaltar mit dem über 9,30 Meter hohen und 4,20 Meter breiten Gemälde »Christi Himmelfahrt«. Das hatte Anton Raphael Mengs (1728–1779) 1752 in Rom begonnen und 1762 in Madrid vollendet. Die Gedächtniskapelle Johann

Kathedrale St. Trinitatis

Der Hauptaltar ...

... und die Kanzel

Nepomuk erinnert an die 25 000 Menschen, die bei den Luftangriffen des 13./14. Februar 1945 ums Leben kamen. Die vier elf Tonnen schweren Glocken hielten erst im Jahr 1807 in den Turm Einzug, weil die Katholiken im protestantischen Dresden keine Glocken läuten durften. In der Gruft unter dem Chor ruhen in 49 Sarkophagen die katholischen Kurfürsten und Könige aus dem Hause Wettin und ihre Angehörigen. Kurfürst Friedrich August II., der Stifter der Kirche, ließ sich 1763 als erster beisetzen, als letzter Wettiner kam der 1943 verstorbene Kronprinz Georg von Sachsen in die Gruft. August der Starke wurde als polnischer König im Dom zu Krakau beigesetzt, der Grablege der polnischen Könige, sein Herz jedoch gelangte in einer Silberkapsel in die Gruft nach Dresden. Immer, wenn eine schöne Frau vorübergeht, beginne das Herz in der Silberkapsel zu schlagen. So erzählt es die Legende.

i Öffnungszeiten: Mo, Di 9–18, Mi, Do 9–17, Fr 13–17, Sa 10–17, So 12–16 Uhr; Führungen durch Kirche und Gruft (Dauer ca. 45 Min.) Mai–Okt. Mo–Do 14, Fr–So 13 Uhr; Kathedrale St. Trinitatis, Schlossplatz, 01067 Dresden, Tel. 0351/4 84 47 12, www.kathedrale-dresden.de; Straßenbahn 4, 8, 9 bis Theaterplatz

Silbermannorgel

Die Orgel auf der Empore gehört zu den Schätzen der Kathedrale. Sie ist das letzte und zugleich größte Werk von Gottfried Silbermann (1683–1753), Sachsens bedeutendstem Orgelbauer. Vollendet hat sie nach seinem Tod sein Schüler Zacharias Hildebrandt (1688–1757). Rund 50 Instrumente hat Silbermann geschaffen, drei davon befanden sich in Dresden. Die Orgeln in der Frauen- und in der Sophienkirche zerstörte das Bombeninferno 1945, die der Kathedrale konnte gerettet werden. Sie war rechtzeitig in das Kloster Marienstern bei Kamenz ausgelagert worden. Das bewunderte Barockgehäuse von Johann Joseph Hackl verbrannte allerdings im Februar 1945. Nach vorhandenen Fotografien wurde es nach dem Zweiten Weltkrieg rekonstruiert. Silbermann konzentrierte sich auf den sächsischen Raum, selbst lukrative Angebote aus dem Ausland lehnte er ab. Sein handwerkliches Geschick und seine hohen Qualitätsstandards machten ihn schon zu Lebzeiten berühmt. Sachsens Kurfürst Friedrich August I. verlieh ihm 1723 den Titel »Königlicher Hof- und Land-Orgelbauer«. Von den Orgeln Gottfried Silbermanns sind in Sachsen 29 erhalten geblieben.

Orgelmusik in der Kathedrale Mi und Sa 11.30–12.00 Uhr; Schlossplatz; Straßenbahn 4, 8, 9 bis Theaterplatz

17 Augustusbrücke – Dresdens älteste Elbüberquerung

Der Chronist Iccander schrieb 1719 über die »sieben Wunderwerke Dresdens«. Seiner Meinung nach war eines »die in ganz Europa jetzt berühmteste Elbbrücke«, die heutige Augustusbrücke. Sie verbindet die Altstadt mit der Neustadt. Flussübergänge aus Stein waren im Europa

Augustusbrücke von der Brühlschen Terrasse aus

des 18. Jahrhunderts noch eher eine Seltenheit und die Augustusbrücke kann sich rühmen, eine der ältesten Steinbrücken nördlich der Alpen zu sein – rein theoretisch. Für das Jahr 1287 ist zwar erstmals an dieser Stelle eine Steinbrücke mit 24 Bögen über die Elbe bezeugt, doch worüber Dresdner und Besucher heute spazieren, ist bereits der zweite Nachfolgebau. Den ersten ließ August der Starke 1727–1731 nach Plänen von Matthäus Daniel Pöppelmann errichten. Es entstand ein aus 17 Bögen und 18 Pfeilern bestehendes 402 Meter langes imposantes Bauwerk, das jedoch zu Beginn des 20. Jahrhunderts dem stark zunehmenden Verkehr auf der Straße und dem Wasser zum Hindernis wurde. Die Bogenöffnungen waren zu eng und häufig stießen bei hohem Wasserstand Schiffe gegen die Pfeiler. Deshalb errichtete man 1907–1910 eine völlig neue Brücke, die den damaligen modernen Erfordernissen entsprach: 355 Meter lang und 17 Meter breit, Stahlbetonbauwerk mit neun sandsteinverkleideten Bogen, deren weitest gespannter 39,30 Meter misst. Vom Vorgängerbau stammen die halbkreisförmigen Nischen mit Sitzbänken. Am mittleren Hauptpfeiler erinnert das einer Welle ähnelnde und wie ein Scherenschnitt aufgefächerte Kunstwerk »Die Woge« von Tobias Stengel an die Hochwasserkatastrophe im Jahr 2002. Bis zur Mitte des 19. Jahrhunderts war die Augustusbrücke die einzige im Dresdner Stadtgebiet, heute sind es sechs.

🛈 Augustusbrücke, 01067 Dresden; Straßenbahn 4, 8, 9 bis Theaterplatz

Brückenmännchen

Angeblich zeigt die kleine kauernde Figur mit dem tief in die Augen gezogenen Mützchen den Italiener Matteo Foccio. Der soll im 13. Jahrhundert Baumeister der ersten steinernen Brücke in Dresden gewesen sein. Andere meinen, das Brückenmännchen sei der Schutzgeist der Augustusbrücke. 1813 war die kleine Figur verschwunden, als die Brücke im Krieg teilweise gesprengt wurde. Ein Jahr später brachte man an der wieder instandgesetzten Brücke eine Kopie an, die sich am Landpfeiler auf der Altstädter Seite befindet und flussabwärts schaut. Beim Neubau der Augustusbrücke 1907–1910 und dann nochmals 1967 wurde das Brückenmännchen restauriert.

18 Raddampferflotte – ein Hauch Nostalgie auf der Elbe

Die Raddampferflotte vor der barocken Altstadt

Wie zu Zeiten um 1900 tuckern neun Schiffe mit roten Schaufelrädern elbaufwärts in die Sächsische Schweiz und elbabwärts entlang der Sächsischen Weinstraße. Dresden besitzt die älteste und größte Raddampferflotte der Welt. Die Schiffe vermitteln das Fahrgefühl einer vergangenen Epoche. 1836 erhielten zwölf Dresdner Bürger durch König Friedrich August II. von Sachsen (1797–1854) das Privileg zur Gründung einer Dampfschifffahrtgesellschaft im Königreich Sachsen, ein Jahr später fanden die ersten öffentlichen Fahrten statt. Seit 1910 hat die Flotte ihren Liegeplatz am Terrassenufer unterhalb der Brühlschen Terrasse.

Die 1879 in Dienst gestellte »Stadt Wehlen« ist das älteste Schiff der Flotte, das jüngste die »Leipzig« von 1929. Der Dampfer »Diesbar« von 1884 wird als einziges Schiff der Flotte noch mit Kohle befeuert. Er besitzt die älteste in Funktion befindliche Schiffs-Dampfmaschine, die durch eine Glasscheibe betrachtet werden kann. Die als technisches Denkmal geschützten Schaufelraddampfer mit ihren historischen Ruderhäusern und seitlichen Schaufelrädern in wappenverzierten Radkästen haben einen geringen Tiefgang und können somit auch bei Niedrigwasser fahren. Ein besonderes Erlebnis bildet die Flottenparade zum Saisonauftakt, dann legen alle Schaufelraddampfer gleichzeitig ab und ihre Schiffssirenen sind kilometerweit zu hören. Wer absolut keinen Sinn für Nostalgie hat, aber dennoch von der Elbe aus Dresden und seine Umgebung kennen lernen möchte, der steigt auf eines der beiden Salonschiffe, entweder die »Gräfin Cosel« oder »August der Starke«.

ℹ Sächsische Dampfschifffahrts GmbH & Co, Anleger Terrassenufer, 01067 Dresden, Tel. 0351/51 86 60 90, www.saechsische-dampfschifffahrt.de; Straßenbahn 4, 8, 9 bis Theaterplatz, 3, 7 bis Synagoge.

19 Sächsisches Ständehaus – der alte Parlamentssitz

Das 1901 bis 1907 entstandene Gebäude wird oftmals auch als Neues Ständehaus bezeichnet, weil bis zu seiner Fertigstellung die sächsische Ständeversammlung im Alten Ständehaus tagte, dem heutigen Stadtmuseum an der Wilsdruffer Straße. Die Ständeversammlung war die damalige »Volksvertretung«, bestehend aus Adel, Klerus und Bürgerlichen.

Die Parlamentarier beklagten lange Zeit die beengten Verhältnisse, unter denen sie tätig waren, sodass man sich schließlich für einen Neubau entschied. Der sollte, so wurde festgelegt, in der Nachbarschaft zum Schloss und zur Hofkirche entstehen. Mit dem Standort wollte man die Einheit von Königshaus und Volk versinnbildlichen. Nach bewegten Diskussionen mussten das Brühlsche Palais und das Palais Fürstenberg weichen. Den Neubau errichtete man rechts am Aufgang zur Brühlschen Terrasse, Architekt des Gebäudes war Paul Wallot (1841–1912), von dem auch der Berliner Reichstag stammt. Am 14. Oktober 1907 fand im Ständehaus die erste Sitzung statt, zum letzten Mal tagte in ihm der Sächsische Landtag vor der Auflösung durch die Nationalsozialisten am 21. Februar 1933. Im Februar 1945 beschädigten Bomben den Neorenaissancebau schwer, die beiden Plenarsäle wurden zerstört.

Das erste frei gewählte Parlament Sachsens nach der Wiedervereinigung Deutschlands zog 1990 nicht in dieses Haus, da es für die parlamentarische Arbeit zu klein war. Auf dem Weg zur Dreikönigskirche, wo die erste

Das Sächsische Ständehaus am Schlossplatz

Sitzung stattfand, versammelten sich die Abgeordneten jedoch symbolisch in der einstigen Tagungsstätte. Der Vierflügelbau um einen großen Innenhof ist heute Sitz des Oberlandesgerichts. Den mächtigen Turm zur Elbseite schmückt eine vergoldete Saxonia, die weibliche Symbolgestalt des Landes Sachsen.

ℹ Schlossplatz 1, 01067 Dresden; Straßenbahn 4, 8, 9 bis Theaterplatz

20 Figurengruppe »Vier Tageszeiten« – allegorische Darstellungen

Vom Schlossplatz führen 41 Stufen hinauf zur Brühlschen Terrasse. Die Freitreppe schmücken vier Skulpturen: oben links der »Morgen« und rechts der »Mittag«, unten links der »Abend« und rechts die »Nacht«. Die vier allegorischen Darstellungen sind das Ergebnis eines Wettbewerbs von 1860, bei dem die Themen »Tageszeiten« oder »Jahreszeiten« vorgegeben waren. Sieger wurde Johannes Schilling (1828–1910), von dem in Dresden noch die Quadriga der Semperoper (s. S. 33) und das Reiterstandbild für König Johann von Sachsen (s. S. 37) auf dem Theaterplatz stammen. Auf der Wiener Kunstausstellung 1869 bekam der Akademieprofessor Schilling für sein Werk den 1. Preis. Die Sandsteinskulpturen verwitterten jedoch zunehmend. Deshalb wurden sie 1908 mit Hilfe der vorhandenen Gipsmodelle durch Bronzeabgüsse ersetzt. Freuen konnten sich darüber die Chemnitzer. König Albert schenkte die

Freitreppe vom Schlossplatz zur Brühlschen Terrasse

Morgen, Mittag, Abend und Nacht (v.l.n.r.)

Originale der Stadt, die sie vor der Petrikirche aufstellte. Seit 1936 sind die vier Sandsteinskulpturen vor der Brunnenanlage im Chemnitzer Schlossteichpark zu sehen. Die beiden 1814 von Christian Gottlieb Kühn (1780–1828) geschaffenen Sandsteinlöwen, die bis 1863 am Aufgang zur Brühlschen Terrasse standen und den vier Schillingschen Skulpturen weichen mussten, fanden am südlichen Ende der Querallee im Großen Garten ihren Platz.

ℹ️ Schlossplatz, 01067 Dresden; Straßenbahn 4, 8, 9 bis Theaterplatz

21 Top ➡ Brühlsche Terrasse – berühmte Flaniermeile

Wunderschön sind die Gebäude und Denkmäler, die die 500 Meter lange und bis zu 200 Meter breite Terrasse schmücken, nicht minder schön ist der Blick über die weiten Flussauen der Elbe hinüber zur Neustadt. Nicht zu Unrecht wird deshalb vom »Balkon Europas« gesprochen. Wer nicht auf der Brühlschen Terrasse promenierte, Dresdens schönster Flaniermeile, so heißt es, kann kaum behaupten, in der Elbestadt ge-

Brühlsche Terrasse von der Neustadt aus

wesen zu sein. 1740 hatte Kur-
fürst Friedrich August II. seinem
Staatsminister Heinrich Graf von
Brühl (1700–1763) den östlich der
Augustusbrücke gelegenen Teil der
Festungsanlage geschenkt, später
kam noch die Jungfernbastei
hinzu, heute der Brühlsche Garten.
Der Minister, der die Regierungs-
geschäfte lenkte, gehörte zu den
Reichsten der damaligen Zeit.
Sein Nachlassverzeichnis beziffert
das Vermögen auf 1,5 Millionen
Taler – der Bau der Frauenkirche

Planetendenkmal

kostete, zum Vergleich, rund 290 000 Taler. Zu seinem heutigen Aussehen
mit den Prachtbauten Sekundogenitur (s. u.), Hochschule für Bildende Künste (s. S. 48) und Albertinum (s. S. 53), formte sich das Plateau
vor allem Ende des 19. Jahrhunderts. Neben dem Planetendenkmal
(Sieben-Bastionen-Plastik) und dem Delphinbrunnen (s. S. 50) wurden
Denkmäler für Ernst Rietschel, Caspar David Friedrich (s. S. 50), Johann
Friedrich Böttger und Gottfried Semper (s. S. 35) errichtet. Das älteste,
das Moritzmonument (s. S. 52), stammt aus dem Jahr 1553, das jüngste,
das Caspar-David-Friedrich-Denkmal, von 1990. Lange Zeit war die
Brühlsche Terrasse der adeligen Gesellschaft vorbehalten, der Öffentlichkeit zugänglich machte sie Fürst Repnin-Wolkonski, der Sachsen 1813
und 1814 als Generalgouverneur regierte, weil König Friedrich August I.
sich in Gefangenschaft befand. Es entstand die große Freitreppe (s. S. 45),
die vom Schlossplatz zur Anlage führt, der Zugang von der heutigen
Münzgasse kam 1843 hinzu und der vom Georg-Treu-Platz 1890–1894.

☐ Altstädter Elbufer, 01067 Dresden;
Straßenbahn 4, 8, 9 bis Theaterplatz und 3, 7 bis Synagoge

22 Sekundogenitur – neobarocker Kleinbau

Die Sekundogenitur mit ihrem geschweiften, kupfergedeckten Mansarddach und den rankengeschmückten Fenstern strahlt Heiterkeit aus, die
einen Eindruck vermittelt, wie die Brühlsche Terrasse zu Zeiten ihres
Namengebers ausgesehen hat. Das neobarocke Gebäude ist jedoch
ein erst 1897 errichteter Neubau, der dort entstand, wo sich einst die
Bibliothek des Grafen Brühl befand. Das Bauwerk gilt als der gelungenste

Barockportal

neobarocke Kleinbau Dresdens. Der lateinische Name Sekundogenitur geht auf Prinz Johann Georg, Herzog zu Sachsen (1869–1938) zurück, den zweitgeborenen Prinzen, ein Bruder des letzten Königs Friedrich August III. (1865–1932). Dem Prinzen gehörte das zweistöckige Haus, er bewahrte darin seine Bibliothek und Sammlungen auf. Ab 1918 nutzte die Kunstakademie das Haus, von 1931 bis zur Zerstörung 1945 befand sich darin die Galerie Neue Meister. Nach dem Wiederaufbau bezog man die Sekundogenitur durch eine Verbindungsbrücke in den Gebäudekomplex des Hotels Dresden Hilton ein, das darin ein Café und Weinrestaurant betreibt. Das schöne Barockportal an der Rückseite gehört nicht zum ursprünglichen Haus. Es wurde beim Wiederaufbau in den 1960er-Jahren eingefügt. Einst schmückte es die nach dem Zweiten Weltkrieg abgetragene Gaststätte »Zum letzten Heller« im Stadtteil Hellerau. Geschaffen hat es vermutlich der große Balthasar Permoser (1651–1732).

ℹ Brühlsche Terrasse, 01067 Dresden;
Straßenbahn 4, 8, 9 bis Theaterplatz und 3, 7 bis Synagoge

23 Kunstakademie/Ausstellungsgebäude – monumentales Bauwerk

Die üppigsten Formen und die größte Monumentalität aller Dresdner Profanbauten des ausgehenden 19. Jahrhunderts weisen die Kunstakademie und das Ausstellungsgebäude auf. Sie sollten Dresden als das darstellen, was man selbstbewusst sein wollte: eine der führenden Kunst- und Kulturstädte Europas. An die vierflügelige Kunstakademie, heute Hochschule für Bildende Künste Dresden, fügte man im spitzen Winkel in Richtung Osten den Ausstellungsbau an, der mit seinen Doppelsäulen und seinem Dreiecksgiebel an einen griechischen Tempel erinnert. Heute laden die Staatlichen Kunstsammlungen hier zu Sonderausstellungen. Entstanden sind die beiden grandiosen Gebäude zwischen 1887 und 1895 nach Plänen des Akademieprofessors Constantin Lipsius (1832–1894), deshalb oft auch als »Lipsiusbau« bezeichnet. Der reiche Skulpturen- und Reliefschmuck stammt von den namhaftesten Bildhauern

Monumentalbau Kunstakademie/Ausstellungsgebäude

der Stadt. Die gläserne Stahlskelett-Kuppel bezeichnete der Volksmund wegen ihrer gefalteten Form humorvoll als »größte Zitronenpresse der Welt«. Sie war seinerzeit wegen ihrer unmittelbaren Nachbarschaft zur Kuppel der Frauenkirche heftig umstritten. An der Dresdner Akademie lehrten solche Berühmtheiten wie Anton Graff, Johannes Schilling, Oskar Kokoschka, wurden aus Begabungen wie Ludwig Richter, Robert Henze und Conrad Felixmüller große Künstler.

ℹ️ Öffnungszeiten: Sonderausstellungen Di–So 10–18 Uhr; Brühlsche Terrasse, 01067 Dresden, www.skd.museum; Straßenbahn: 3, 7 bis Synagoge

Fama

Ist es Nike, in der römischen Mythologie die Siegesgöttin oder ist es Fama, die Göttin des Ruhms und des Gerüchts, die 4,80 Meter hoch und 1,7 Tonnen schwer die Glas-Stahl-Kuppel des Ausstellungsgebäudes bekrönt? Die Meinungen sind geteilt, in Meyers Großem Konversations-Lexikon, Band 9 von 1907 steht Nike und das ist bis in unsere Tage auch im Internet oft so zu lesen. Genau wissen muss es der Schöpfer der fünf Meter hohen vergoldeten Kupfertreibarbeit, Robert Henze. Doch der Bildhauer kann nicht mehr gefragt werden, da er bereits 1906 verstorben ist. Licht ins Dunkel brachte der Dresdner Professor für Kunstgeschichte Heinz Quinger. Der informierte über ein aufgefundenes Dokument »von der Hand des Bildhauers«, das belegt: Henze hat Fama dargestellt, die geflügelte Göttin, die auf der Erdkugel schwebt.

24 Delphinbrunnen – Relikt des Brühlschen Lustgartens

Delphinbrunnen

1747 gab Graf Heinrich von Brühl vermutlich dem Bildhauer Pierre Coudray (1713–1770) den Auftrag, für seinen Lustgarten eine Brunnenanlage zu schaffen. Ob Brühl Vorgaben machte oder dem Künstler freie Wahl ließ, ist nicht überliefert. Entstanden ist der Delphinbrunnen, eine die Gäste noch heute bezaubernde Anlage. Die aus Sandstein gemeißelte Brunnenskulptur zeigt einen auf einem Delphin reitenden Putto. Der Wasserstrahl spritzt aus dem Maul des Delphins und plätschert in eine Riesenmuschel. Der Brunnen blieb als einziges Objekt des ehemaligen Brühlschen Lustgartens erhalten, er schmückte Mitte des 18. Jahrhunderts die Anlage des zweiten Belvedere. Das ließ Preußenkönig Friedrich II. (1712–1786) im Siebenjährigen Krieg 1759 zerstören. Danach entstanden das dritte und letztlich 1842 ein viertes Belvedere, das durch Bomben im Zweiten Weltkrieg zerstört wurde. Heute befindet sich der Delphinbrunnen am Aufgang zum Lustgarten, dem östlichsten Ende der Brühlschen Terrasse, und erinnert an die vier Lustschlösser, die nacheinander hier standen.

ℹ️ Brühlsche Terrasse, 01067 Dresden; Straßenbahn 3, 7 bis Synagoge

25 Caspar-David-Friedrich-Denkmal – Ehrung für einen großen Meister

Die drei Meter hohe Edelstahlplastik auf der Jungfernbastei, der östlichen Begrenzung der Brühlschen Terrasse, ehrt Caspar David Friedrich (1774–1840), den Meister der Frühromantik. Anlässlich seines 150. Todestages am 7. Mai 1990 wurde das Denkmal eingeweiht.

Friedrich lebte von 1798 bis zu seinem Tode in Dresden, hier sind viele seiner heute berühmten Gemälde entstanden, hier fand er zu seinem immer ein wenig melancholischen Stil. Obwohl Friedrich auch Porträts schuf, gilt er als Landschaftsmaler. Es dauerte lange, bis seine romantischen, oft mystischen Landschaften Anerkennung fanden. Der Bildhauer Wolf-Eike Kuntsche stellt mit seinem Denkmal auf der Jungfernbastei nicht den Künstler dar, zu sehen ist Friedrichs schlichtes

Caspar-David-Friedrich-Denkmal

Atelier – Stuhl, Fenster, Staffelei – durch Metallverstrebungen mit der Bodenplatte verbunden. Auf der sind Worte des Romantikers zu lesen: »Der Maler soll nicht bloß malen, was er vor sich sieht, sondern auch, was er in sich sieht. Sieht er also nichts in sich, so unterlasse er auch zu malen, was er vor sich sieht.« Das Gemälde »Caspar David Friedrich in seinem Atelier« (1811) von Georg Friedrich Kersting diente Kuntsche als Vorlage. Jedes Kunstmuseum schätzt sich glücklich, wenn es einen Friedrich in seinem Besitz hat. Die von dem Denkmal nur wenige Meter entfernte Galerie Neue Meister im Albertinum verfügt über mehrere Gemälde des Künstlers.

ℹ️ Brühlsche Terrasse, 01067 Dresden; Straßenbahn 3, 7 bis Synagoge

26 Daumenabdruck – Augusts Kraftprobe

Kurfürst Friedrich August I., genannt August der Starke, werden gewaltige Kräfte nachgesagt. Der »sächsische Herkules« war mit seinen rund 120 Kilogramm Körpergewicht bei einer Größe von 1,76 Meter ein wahres Schwergewicht. Als Kind soll er Löwenmilch getrunken, später silberne Teller wie Papier zusammengerollt, mit bloßen Händen Hufeisen zerbrochen und Eisenstangen verbogen haben. Im Eisengeländer am östlichen Ende

Augusts Daumenabdruck?

der Jungfernbastei, in der Nähe des Denkmals für Johann Friedrich Böttger, findet sich eine markante Vertiefung im Handlauf des Geländers. Hier soll der Kurfürst zwischen »einem Bilderkauf, zwei Staatsakten und drei Liebesspielen« seine Kräfte erprobt haben. So erzählt man es sich seit Jahrhunderten. Ehrfurchtsvoll betrachten die Touristen diese Stelle, doch die amüsante Geschichte erweist sich bei weiterer Recherche rasch als Legende. Das schlichte Geländer um die Jungfernbastei wurde nicht vor Ende 1747 angebracht – damals war August der Starke allerdings schon weit mehr als zehn Jahre tot. Der Beiname »der Starke« war zu Lebzeiten des Monarchen nicht üblich, bei seinem Tod 1733 sprach man von August dem Großen. Erst Ende des 18. Jahrhunderts wurde er als »der Starke« bezeichnet. Auf den Thron war er übrigens völlig unerwartet gekommen, weil sein älterer Bruder mit 26 Jahren an den Pocken verstorben war. August war der Zweitgeborene.

ℹ️ Brühlsche Terrasse, 01067 Dresden; Straßenbahn 3, 7 bis Synagoge

27 **Moritzmonument – aus dem 16. Jahrhundert**

Das Denkmal an der Nordwestseite der Außenmauer der Jungfernbastei führt in das 16. Jahrhundert. Es erinnert an den tragischen Tod von Kurfürst Moritz (1521–1553), der im Schmalkaldischen Krieg durch eine Kugel der eigenen Soldaten ums Leben kam. Errichten ließ das sechs Meter hohe und drei Meter breite Sandsteindenkmal sein Bruder August (1526–1586) als Dank dafür, dass Moritz für die albertinische

Moritzmonument

Linie der Wettiner die Kurwürde errungen hatte. Zu sehen ist Moritz, wie er seinem Bruder das Kurschwert überreicht, links Moritz' Gemahlin, Agnes von Hessen (1527–1555), im Trauerkleid und rechts die Gemahlin Augusts, Anna (1532–1585), eine Tochter des Königs Christian III. von Dänemark. Einst befand sich das Denkmal an der Hasenberg-Bastion der Festungsanlagen; seinen heutigen Standort bekam es 1895. Seit dem Jahr 2000 steht hier eine Kopie, das Original gilt als so wertvoll, dass es abgebaut und in die Kasematten unter der Brühlschen Terrasse gebracht wurde. Immerhin ist es Dresdens ältestes erhalten gebliebene Denkmal. Geschaffen hat es Hans Walther II. im Jahr 1555. Die Jungfernbastei entstand von 1589–1592 als Bastion der Befestigungsanlagen. Heute befindet sich auf ihr, der Ostseite der Brühlschen Terrasse, der Brühlsche Garten.

ℹ️ Terrassenufer/Ecke Hasenberg, 01067 Dresden; Straßenbahn 3, 7 bis Synagoge

28 Galerie Neue Meister und Skulpturensammlung – Kunst im Albertinum

Seit dem Jahr 2010 teilen sich die Galerie Neue Meister und die Skulpturensammlung die Räume des Albertinums, die ausgestellten rund 300 Werke sind in einem Rundgang zu erleben. Gezeigt wird Kunst von der Romantik bis zur Gegenwart. Die Galerie Neue Meister präsentiert Malerei von Caspar David Friedrich bis Georg Baselitz, A. R. Penck und

Albertinum

Skulpturensammlung

Gerhard Richter – international renommierte Künstler mit sächsischen Wurzeln. Zeitgenössische Gemälde sammelt man in Dresden seit der zweiten Hälfte des 19. Jahrhunderts, 1931 erfolgte die Teilung der Sammlung in Alte und Neue Meister.

Die Skulpturensammlung umfasst Werke aus fünf Jahrtausenden. Eine Auswahl von Arbeiten ab dem 17. Jahrhundert ist den Gemälden zugestellt, darunter Wilhelm Lehmbrucks Skulptur »Große Kniende« von 1911. Die Witwe des Künstlers hatte das überlebensgroße, ganzfigurige Bildnis einer weiblichen Gestalt 1920 dem Albertinum vermacht. Von den vier unter Lehmbrucks Anleitung entstandenen Abgüssen zerstörten die Nationalsozialisten die in München und Berlin als »entartete Kunst«. Das Dresdner Museumsexemplar gelangte in die Chrysler Sammlung in den USA und konnte bei einer Auktion 1993 für 1,1 Millionen Dollar für Dresden ersteigert werden. Der zweite erhalten gebliebene Guss steht

Exponat der Skulpturensammlung

im Museum of Modern Art in New York. Die Antiken, das Herzstück der Skulpturensammlung und lange Zeit die umfangreichsten ihrer Art außerhalb Italiens, ziehen in einigen Jahren in die Osthalle des Semperbaus am Zwinger. Bis dahin werden ausgewählte Arbeiten in einem gläsernen Schaudepot in der Eingangshalle des Albertinums gezeigt. Das Albertinum, eine mächtige, nach dem damals regierenden König Albert benannte Vierflügelanlage, war 1884–1887 als Museums- und Archivbau entstanden. Das Bauwerk schmückt eine Sandsteinfassade im Stil der italienischen Hochrenaissance. Nach der Hochwasserflut im August 2002 bekam das Albertinum ein hochwassersicheres Depot, das die Staatlichen Kunstsammlungen dringend benötigten. Um zwei Stockwerke zu gewinnen, baute man in 17 Meter Höhe über dem vormals offenen Innenhof eine spektakuläre, 2700 Tonnen schwere stählerne Brückenkonstruktion ein.

ℹ️ Öffnungszeiten: Di–So 10–18 Uhr; Albertinum (Eingang Brühlsche Terrasse und Georg-Treu-Platz), 01067 Dresden, Tel. 0351/49 14 20 00, www.skd.museum; Straßenbahn 3, 7 bis Synagoge

29 Synagoge – das neue jüdische Gotteshaus

Der Dresdner Feuerwehrmann Alfred Neugebauer zeigte Mut. In der Pogromnacht 1938 zerstörten die Nationalsozialisten auch die Synagoge in Dresden. Neugebauer rettete den vergoldeten Davidstern, versteckte ihn und übergab ihn nach dem Krieg 1949 dem Vorsitzenden der jüdischen Gemeinde. Seit dem 9. November 2001 hat Dresden eine neue Synagoge. Über deren zweiflügeliger Eingangstür hängt der Stern heute, in goldenen hebräischen Lettern wurde die Inschrift der alten Synagoge angebracht: »Mein Haus sei ein Haus der Andacht allen Völkern«.

Die neue Synagoge steht dort, wo sich bis zur Zerstörung das von Gottfried Semper 1840 errichtete jüdische Gotteshaus befand. Die Architekten der neuen Synagoge wählten die Form eines sich 24 Meter nach oben windenden Würfels. Jede Gesteinsschicht versetzten sie um sechs Zentimeter, bis die für Synagogen übliche Ost-Ausrichtung – die Gebetsrichtung nach Jerusalem – erreicht war. Dadurch weicht die oberste Mauerecke von der untersten um 1,80 Meter ab. Diese von den Architekten vorgenommene Eindrehung ist dem schmalen Grundstück geschuldet. Erinnern soll der fensterlose Sakralbau an den Salomonischen Tempel in Jerusalem.

Dem Synagogewürfel steht ein zweiter gegenüber, der das Gemeindehaus aufnahm. Auch er scheint aus Sandstein erbaut, entstanden sind beide Gebäude jedoch aus hellgelb eingefärbtem Beton. Ihre Außenmauern sehen aus wie die Klagemauer in Jerusa-

Der gerettete Davidstern

Synagoge

lem. Viele Dresdner konnten sich anfangs mit der schlichten Gestalt des Bauwerks nicht anfreunden, dessen Innenraum die Deutschen Werkstätten Hellerau (s. S. 158) gestalteten. Die Fachwelt sieht das anders: Die Architekten wurden im Eröffnungsjahr von einer internationalen Jury mit dem »World Architecture Award« für das »Gebäude des Jahres« ausgezeichnet.

ℹ Jüdische Gemeinde zu Dresden, Hasenberg 1, 01067 Dresden, Tel. 0351/65 60 70; Straßenbahn 3, 7 bis Synagoge

30 Kurländer Palais – elegantes Barockpalais

Das Palais blieb vielen Dresdnern und ihren Gästen besonders gegenwärtig, denn es war die letzte Kriegsruine in der Altstadt. Erst im Jahr 2008, also mehr als sechs Jahrzehnte nach dem Ende des Zweiten Weltkrieges, erfolgte der Wiederaufbau. Einstiger Bauherr des Palais war Generalfeldmarschall Graf von Wackerbarth (1662–1734), der das Haus 1729 feierlich in Besitz genommen hatte. Errichtet wurde es nach Plänen von Oberlandbaumeister Johann Christoph Knöffel, für Fachleute erkennbar an dem maßvollen Einsatz von Bauschmuck. Beim Kurländer

Kurländer Palais

Palais schmückte Knöffel lediglich den Mittelrisalit mit Balkon und Dreiecksgiebel. Die seitlichen vor- und zurücktretenden Gebäudeteile ließ er mit schlichten Putzfassaden versehen und wer nicht richtig hinschaut, meint, sie gehörten nicht zum Palais. Seinen Namen verdankt das Gebäude dem sächsischen Prinz Carl (1733–1796), der für kurze Zeit Herzog von Kurland

Im Innenhof

war und das Gebäude 1774 erworben hatte. Nach einem Umbau im Inneren galt es als schönstes und elegantestes Barockpalais Dresdens. Seit dem Wiederaufbau befinden sich hier ein Restaurant und Büros.

ℹ Kurländer Palais, Tzschirnerplatz 3–5, 01067 Dresden, www.kurlaender-palais.com; Straßenbahn 3, 7 bis Synagoge

31 Festung Dresden – der älteste Teil der Stadt

Die Reste von Dresdens historischer Festungslage dienen der Brühlschen Terrasse als Sockel. Teile der als Kasematten bekannten Anlage sind als Museum zu besichtigen. Sie entstand unter Kurfürst Moritz und seinem Nachfolger August in den Jahren 1545–1555 nach italienischem Vorbild. Typisch dafür sind die sternförmig aus dem Ring herausragenden Bastionen. Mitte des 18. Jahrhunderts hatte der einflussreiche Graf von Brühl den Elbwall erworben und ließ darauf seinen berühmten Garten anlegen, die heutige Brühlsche Terrasse. Die Gewölbe der Festungsanlage wurden mit Erde zugeschüttet, dadurch blieben 40 Meter lange und acht Meter breite Kasematten, Räume für die Wachmannschaften sowie Treppen bestehen. Erhalten blieb auch als einziges Stadttor das um 1550 entstandene Ziegeltor, das als Tunnelanlage in den Erdwall gebaut war, der die Stadt umgab. An der Landseite der Wagendurchfahrt sind noch Reste der eisernen Angeln zu erkennen, an denen vor Jahrhunderten die hölzernen Torflügel angebracht waren. Durch »Schlupfpforten« beiderseits zwängten sich die Fußgänger. Die

Reste der Festung

Großer Kanonenhof

vollständige Demontage der Festungsanlagen erfolgte nach 1808, lediglich die an der Elbfront blieben davon verschont, vor allem aber wohl wegen Brühls Garten. Im Zweiten Weltkrieg dienten Dresdens älteste Gewölbe als Luftschutzraum und bis in die 1960er-Jahre als Kühllager. Im Jahr 1992 konnte sich erstmals jeder Dresdner den ältesten Teil seiner Stadt anschauen, der sich hinter dicken Mauern verbirgt.

ℹ️ Öffnungszeiten: Mo–Fr, So Rundgänge mit dem Audioguide 10–18 Uhr (letzter Einlass 16.45 Uhr, Sa nur Führungen 10–17 Uhr stündlich); Georg-Treu-Platz 2, 01067 Dresden, Tel. 0351/4 38 37 03 20, www.festung-dresden.de; Straßenbahn 3, 7 bis Synagoge

32 Neumarkt – aus Ruinen wiederentstanden

Vor seiner Zerstörung 1945 gehörte der zwischen Elbe und Altmarkt gelegene Neumarkt zu den städtebaulichen Höhepunkten Dresdens. Als Ensemble des Spätbarocks von Weltrang entstand er nach dem Siebenjährigen Krieg ab 1760, er galt als die »gute Stube« der Stadt. Im Zweiten Weltkrieg wurde der Neumarkt buchstäblich ausradiert, nach der Trümmerberäumung gab es keine Grenzen mehr. Jahrzehntelang erstreckte sich eine weitläufige urbane Freifläche mit der mahnenden Ruine der Frauenkirche als Mittelpunkt. Nach der Einheit begann man, diesem trostlosen Ort in der Altstadt ihr Gesicht zurückzugeben. Die Meinungen über den Wiederaufbau gingen lange auseinander, denn nicht wenige wollten alles nach den historischen Vorlagen wieder errichten, also einen Neumarkt schaffen, wie er bis zum Ende des Zweiten Weltkrieges aussah. Der Kompromiss sieht als Planungsgrundlage die alten Quartiere mit zum Teil barock rekonstruierten Fassaden vor, das Innere darf generell zeitgemäß gestaltet werden. Die Erdgeschosse und Hinterhöfe

Neumarkt

mit den einstigen Handwerkerwerkstätten gibt es nicht mehr, dafür
Cafés, Restaurants und Boutiquen. Typisch dafür ist das »Quartier an der
Frauenkirche«, eincs von insgesamt acht, bei dem das Haus Neumarkt 1
am Übergang zur Augustusstraße seine bogenförmige Fassade zurückbekam. Im Inneren aber gestaltete man alles modern. Oder das Hotel
de Saxe (s. S. 60) an der Südseite, das so rekonstruiert wurde, wie es bis
1888 bestanden hat. Der Runderker des Heinrich-Schütz-Hauses erhielt
wieder den um 1535 von Christoph Walther I. geschaffenen Wandfries,
der eine fröhliche nackte Kinderschar mit 32 Figuren zeigt. Der Neumarkt ist Fußgängerzone. Am wichtigsten Gebäude, der Frauenkirche,
richtet sich der Platz in südlicher Richtung aus. Nicht mehr lang und
die letzten Quartiere werden auch fertiggestellt sein, dann dürfte der
Neumarkt erneut das pulsierende Herz der Stadt sein.

ℹ 01067 Dresden; Straßenbahn 1, 2, 4 bis Altmarkt

Restaurierter Hausfassadenschmuck

33 Hotel de Saxe – eine Hotellegende lebt auf

Der Wiederaufbau des Hotels de Saxe wurde allgemein begrüßt, obwohl es keiner je kennen gelernt hat – aber es gehört zur Dresdner Geschichte. Ein Blick in seine Chronik: 1786 hatte Kurfürst Friedrich August III. dem kurfürstlichen Rat Johann Christoph Seyffert gestattet, in seinem kleinen Haus am Neumarkt ein Hotel einzurichten. Anfang des 19. Jahrhunderts wurden vier angrenzende Häuser einbezogen, von jetzt an gab es nicht nur mehr Zimmer, sondern in der ersten Etage auch einen Konzertsaal, in dem unter anderen Carl Maria von Weber dirigierte. Das Hotel soll zu den renommiertesten Häusern in Deutschland gehört haben, dennoch musste es 1888 einem Postgebäude weichen. Das galt als eines der künstlerisch schlechtesten Neubauten des Neumarktes, bereits in den 1930er-Jahren wollte man es deshalb abreißen. Bei dem Luftangriff am 13. Februar 1945 wurde das Haus vollständig zerstört. 177 Jahre nach seinem Abriss kehrte das Hotel de Saxe wieder ins Stadtbild zurück, als ein Neubau, dessen Fassade historischen Vorbildern nachempfunden wurde. Auch im Inneren des heutigen modernen Steigenberger Hotels ist die reiche Vergangenheit der Stadt lebendig. So grüßt an der Rezeption der Kopf einer Fassaden-Putte, der am Standort gefunden wurde. An der Wand über der geschwungenen Freitreppe sind drei Torsi von im Krieg zerstörten Gebäuden angebracht. Nördlich an den Hotelkomplex schließt sich das wiedererrichtete Barockhaus der Salomonis-Apotheke an, in dem sich heute Hotelzimmer befinden. In dem Haus stellte der Apotheker Friedrich Adolf August Struve (1781–1840) im Jahr 1820 das

Äußerlich im alten Stil wieder entstanden: Hotel de Saxe

weltweit erste künstliche Mineral-
wasser her. Der berühmte Ro-
mancier Theodor Fontane rühmte
Struve »als die absolute Nummer
eins in Deutschland, ich möchte
fast sagen in der ganzen Welt …«.
Heute empfängt in den Räumen
der Apotheke das Restaurant Freiberger Schankhaus Gäste.

Im Restaurant

ℹ️ Steigenberger Hotel de Saxe,
Neumarkt 9, 01067 Dresden
Tel. 0351/4 38 60,
http://de.steigenberger.com;
Straßenbahn 1, 2, 4 bis Altmarkt,
3, 7 bis Synagoge

Lutherstein

Eine kleine, nur 35 mal 35 Zentimeter große Tafel rechts neben dem Haupteingang des Steigenberger Hotel de Saxe wird kaum beachtet. Es ist eine
Replik eines Steins in Meißen, der sich dort an der Mauer des Grundstücks
Freiheit 10 befindet. Angeblich entstand der Stein zum Gedenken an die Lu-
thersche Bibelübersetzung. Auf ihm sollen die ersten fünf Großbuchstaben des
»Meiss'nischen Kanzlei-Alphabetes« ineinander verschlungen zu sehen sein.
Und zwar so, dass alle Buchstaben des Alphabetes
sich darauf abzeichnen. Eine Messingtafel neben
dem Lutherstein am Hotel de Saxe erläutert die ein-
zelnen Buchstaben. Was keiner der Betrachter weiß:
In Meißen wurde ermittelt, der Stein habe keinen
Bezug zu Luther, er sei vermutlich der Schlussstein
eines Hausportals.

34 Coselpalais – nobler Wohnpalast in bester Lage

Am Eingang zum Coselpalais hocken auf Sandsteinstelen kostbare
Kinderplastiken des Dresdner Rokoko. Johann Gottfried Knöffler
(1715–1779) hat sie um 1763 aus Sandstein gefertigt. Als meisterhafte
architektonische und bildhauerische Arbeit wird das spätbarocke Palais
insgesamt bezeichnet, viele sprechen sogar von einem Schloss. Reichsgraf Friedrich August von Cosel (1712–1770), der Sohn des sächsischen
Kurfürsten und polnischen Königs August des Starken und der Reichsgräfin von Cosel, ließ es für sich erbauen. Im Dreiecksgiebel befindet sich

Coselpalais

das Wappen des Bauherrn. Der feine plastische Schmuck der Hauptfassade erinnert an den militärischen Rang des Hausherrn, der es bis zum General der Infanterie und Befehlshaber der Garde du Corps brachte. In dem Haus soll er jedoch nie gewohnt haben. Nach mehreren Besitzerwechseln erwarb es 1853 der sächsische Staat, um darin die königliche Polizeidirektion einzurichten. Wie alles in der Nachbarschaft versank auch das Coselpalais im Februar 1945 in Schutt und Asche. Die Torhäuser und die prächtige Toranlage allerdings konnten gerettet werden und sind heute die einzige originale Bausubstanz. Seit Februar 2000 ist das Haus mit dem sprudelnden Wandbrunnen im Ehrenhof in alter Schönheit zu bewundern, es nahm Büros auf, das Restaurant im Erdgeschoss gehört zu den beliebtesten in Dresden.

ℹ️ An der Frauenkirche 12, 01067 Dresden;
Straßenbahn 1, 2, 4 bis Altmarkt, 3, 7 bis Synagoge

Wandbrunnen im Ehrenhof

Plastik von Johann Gottfried Knöffler

35 König Friedrich August II. – in Feldherrenpose auf dem Bronzepostament

Von 1836 an bis zu seinem Tode war Friedrich August II. (1797–1854) Sachsens dritter König. Er steht in Feldherrenpose auf einem mit Architekturmotiven verzierten Bronzepostament, um das sich die vier Kardinaltugenden Frömmigkeit, Weisheit, Gerechtigkeit und Stärke gruppieren. So sahen die Sachsen ihren König, zumindest jene Bürger Dresdens, die Geld sammelten und das Denkmal in Auftrag gaben. Geschaffen hat den Entwurf Ernst Julius Hähnel, ausgeführt hat ihn Ernst Rietschel. 1866 bekam das Denkmal auf dem Neumarkt seinen Platz, den Zweiten Weltkrieg hat es fast unversehrt überstanden.

Der Monarch war botanisch und wissenschaftlich interessiert, hatte aber wenig Sinn für das Militärische und die Politik. Hier ließ er seinen Ministern weitestgehend freie Hand. Er wird als »ausgesprochen liebenswerter und intelligenter Mann« beschrieben, der beim Volk beliebt war. Dies änderte sich jedoch 1849, als er während der revolutionären Ereignisse das Parlament auflöste, am 4. Mai in den frühen Vormittagsstunden mit seiner Gemahlin und sämtlichen Ministern auf die Festung Königstein floh und seine Soldaten auf das eigene Volk schießen ließ. Mit Hilfe preußischer Truppen wurde der Aufstand niedergeschlagen. Ums Leben kam Friedrich August II. im August 1854 auf tragische Weise: Während einer Reise durch Tirol stürzte er aus dem Wagen und bekam von einem der Pferde einen Tritt gegen den Kopf, Nachfolger wurde sein vier Jahre jüngerer Bruder Johann.

ℹ Neumarkt, 01067 Dresden; Straßenbahn 1, 2, 4 bis Altmarkt, 3, 7 bis Synagoge

Denkmal für König Friedrich August II.

36 Top ⇒ Frauenkirche – Symbol des Neubeginns

Am 30. Oktober 2005, dem Reformationstag, fand mit riesigem Medieninteresse die Weihe der wiederaufgebauten Frauenkirche statt. Mit ihrer 24 Meter hohen Kuppel, deren Durchmesser von 26 Metern sie zur größten steinernen Kirchenkuppel nördlich der Alpen werden ließ, prägt sie wieder die Silhouette der Dresdner Altstadt. Das Innere des Gotteshauses mit 1818 Sitzplätzen beeindruckt mit würdevoller, aber schlichter Architektur. Der Wiederaufbau hat 179 Millionen Euro gekostet, davon konnten zwei Drittel aus Spenden finanziert werden. Eine der schönsten protestantischen Kirchen Europas entstand aus einer Ruine wieder. Die Frauenkirche, ein Gotteshaus von Weltruf, gilt als Zeichen des Neubeginns nach der Einheit Deutschlands.

Die von dem Ratszimmermann George Bähr (1666–1738) entworfene Kirche sollte Dresden in eine Reihe mit Rom und Jerusalem stellen, denn die Stadt an der Elbe war die Hauptstadt des Kernlandes der Reformation. Die schweren Luftangriffe im Februar 1945 verschonten auch die Frauenkirche nicht. Sie brannte völlig aus und am 15. Februar gegen 10 Uhr stürzte sie in sich zusammen. Die düstere Ruine blieb mehr als vier Jahrzehnte als Mahnmal gegen Krieg und Zerstörung stehen. Im Februar 1990 ergriffen engagierte Dresdner die Initiative für den Wiederaufbau, ab 1993 wuchs das Gotteshaus in die Höhe. Alle noch verwertbaren Trümmersteine hatte man vermessen, katalogisiert und in riesigen Regalen gelagert, bis sie an der ursprünglichen Stelle in das wieder entstehende Bauwerk eingesetzt wurden. Unter den Trümmern wurde auch der 1945 zerstörte Altar von Johann Christian Feige gefunden. Seine fast 2000 Einzelteile fügte man sorgfältig aneinander und somit besteht der heutige Altar zu 80 Prozent aus historischen Teilen. Nicht restauriert wurde das alte Turmkreuz, das ebenfalls unter den Trümmern begraben war. Es steht heute beschädigt als Zeichen der Mahnung und Erinnerung im Kirchenschiff. Auf der Kuppel leuchtet ein neu gefertigtes, fast acht Meter hohes Turmkreuz aus vergoldetem Kupfer und Edelstahl, das mehr als

Kuppel der Frauenkirche

eine Tonne wiegt. Es wurde vom britischen Volk und dem Königshaus gestiftet, hergestellt hat es der Sohn eines englischen Piloten, der bei dem Bombardement auf Dresden im Februar 1945 dabei war. Rund 44 Prozent der originalen Steine konnten für den Neubau verwendet werden, erkennbar an der dunklen Färbung, die auch kommenden Generationen das tragische Schicksal der Kirche verdeutlichen. In der Unterkirche befindet sich das Grabmal von George Bähr, das in den einstigen Trümmern der Kirche gefunden wurde. Nicht gefunden hat man bis heute ein Gemälde oder ein Kupferstich, die Bähr zeigen. So weiß niemand, wie der geniale Baumeister ausgesehen hat.

Auferstanden: die Frauenkirche

Schmuckdetail im Inneren

ℹ️ Öffnungszeiten: Mo–Fr 10–12, 13–18 Uhr, am Wochenende wechselnde Zeiten; Frauenkirche, Georg-Treu-Platz 3, 01067 Dresden, Tel. 0351/65 60 61 00, www.frauenkirche-dresden.de; Straßenbahn 1, 2, 4 bis Altmarkt, 3, 7 bis Synagoge

37 Verkehrsmuseum – Fahrzeuge aller Art

Dort, wo bereits der sächsische Hof vor 400 Jahren seine Kutschen und Pferde abstellte, stehen heute wieder Fahrzeuge. Im Johanneum, dem ältesten Ausstellungsgebäude von Dresden, befindet sich das Verkehrsmuseum, in dem Fahrzeuge der Schiene, Straße, Wasser und Luft zu sehen sind. Sie veranschaulichen, wie sich die Mobilität im Laufe der Jahrhunderte verändert hat. Gezeigt werden beispielsweise ein Nachbau der ersten deutschen betriebsfähigen Dampflok Saxonia von 1838 und die älteste komplett erhaltene deutsche Lokomotive Muldenthal von 1861, die 91 Jahre lang im Werksverkehr des Zwickauer Steinkohlereviers fuhr.

Johanneum

Wartburg Coupé aus Eisenach

Für die Besucher besonders interessant sind der begehbare Führerstand der Schmalspurdampflokomotive IV K 99535 von 1898 und der Elektro-Lok E 7130 von 1921. Die Automobile stammen vorwiegend aus Sachsen und Thüringen, denn diese beiden Länder haben im Automobilbau Tradition. Das Museum besitzt Fahrzeuge von Audi, Horch, Wanderer, DKW und Sachsenring, mit dem thüringischen Eisenach verbinden sich der Dixi und der zu DDR-Zeiten hergestellte Wartburg. Im Mittelpunkt der Motorradausstellung stehen die in Sachsen produzierten Motorräder der Marke MZ, die aus dem einst größten Motorradwerk der Welt im sächsischen Zschopau kamen. Die Schifffahrtausstellung hat in der über 1000-jährigen wechselvollen Geschichte der Elbschifffahrt einen ihrer Schwerpunkte. Das Johanneum wurde Anfang des 18. Jahrhunderts stark verändert, als im Obergeschoss die kurfürstliche Gemäldesammlung einzog. Rund eineinhalb Jahrhunderte später erfolgte erneut ein Umbau und die Porzellansammlung bekam hier ihren Platz. Zu Ehren des damals regierenden Königs Johann (1801–1873) erhielt das Gebäude seinen Namen. Seit dem Wiederaufbau nach dem Zweiten Weltkrieg wird das Gebäude vom Verkehrsmuseum genutzt.

■ Öffnungszeiten: Di–So 10–18 Uhr; Verkehrsmuseum Dresden, Augustusstraße 1, 01067 Dresden, Tel. 0351/8 64 40, www.verkehrsmuseum-dresden.de; Straßenbahn 1, 2, 4 bis Altmarkt, 3, 7 bis Synagoge

Schmalspurdampflokomotive

Phänomobil von 1924

38 Türkenbrunnen – der ehemalige Friedensbrunnen

Der achteckige Sandsteinbrunnen vor dem Haupteingang des Verkehrsmuseums überstand wie durch ein Wunder die Zerstörung im Februar 1945. Entstanden ist der Wasserspeier 1616 als Marktbrunnen für den Neumarkt, seinen Platz fand er an der Ostseite. Allerdings fehlte vor 400 Jahren die Brunnenfigur, weil sich der Stadtrat nicht einigen konnte. Nach dem Dreißigjährigen Krieg (1618–1648) fand der Streit ein Ende – endlich Frieden in Europa!

Türkenbrunnen vor dem Johanneum

Das wollte man auch in Dresden feiern. Der Brunnen bekam Irene (griechisch: Eirene), einen Ölzweig haltend, als Figur, in der griechischen Mythologie die Friedensgöttin. Damit hatte Dresden einen Friedensbrunnen. Im Herbst 1683 kehrte Kurfürst Johann Georg III. (1647–1691) stolz nach Dresden zurück, er hatte an der Schlacht am Kahlenberg teilgenommen, der zweiten Wiener Türkenbelagerung. Die Dresdner dankten das ihrem Kurfürsten mit einem Tausch der Eirene gegen eine sandsteinerne Siegesgöttin Viktoria. Die bekam noch Fahne und Lorbeerkranz und aus dem Friedensbrunnen wurde der Türkenbrunnen. Als 1866 König Friedrich August II. auf dem Neumarkt ein Denkmal erhielt, versetzte man ihn an seinen jetzigen Standort.

ℹ️ Neumarkt, 01067 Dresden; Straßenbahn 1, 2, 4 bis Altmarkt, 3, 7 bis Synagoge

39 Stallhof und Langer Gang – historischer Turnierplatz

Wer nicht darauf achtet, übersieht rasch einen der ältesten original erhaltenen Turnierplätze seiner Art auf der Welt. Er versteckt sich hinter dem Johanneum und dem Georgenbau des Residenzschlosses. Im Stallhof fanden höfische Turniere statt, daran erinnern noch die beiden 6,10 Meter hohen und reich verzierten bronzenen Ringstechsäulen. Fertiggestellt wurde der Stallhof 1591 unter Kurfürst Christian I. Der sogenannte Lange Gang von rund 100 Metern, der den Stallhof zur Augustusstraße hin

begrenzt, entstand als Verbindung des Schlosses mit dem Stallgebäude, dem heutigen Johanneum. Die eleganten Rundbogenarkaden auf 20 toskanischen Säulen sowie die schönen Sgraffito-malereien am Obergeschoss lassen die Anlehnung an italienische Renaissancebauten erkennen. Oberhalb der Säulen sind die Wappen der einst unter wettinischer Herrschaft stehenden Landesteile angebracht. Im

Bogenhalle mit 20 toskanischen Säulen

Obergeschoss wurde der Lange Saal zunächst als Ahnengalerie des Hauses Wettin genutzt, ab 1731 dann als Gewehrgalerie, für die August dem Starken die des Franzosenkönigs Ludwig XIV. als Vorbild diente. Heute gehört der Lange Saal zur Ausstellungsfläche des Verkehrsmuseums.

ℹ️ Augustusstraße, 01067 Dresden;
Straßenbahn 1, 2, 4 bis Altmarkt, 4, 8, 9 bis Theaterplatz

40 Fürstenzug – Ahnengalerie der Wettiner

An der Außenseite des Langen Ganges reiten oder marschieren all diejenigen entlang, die Sachsen regiert haben: 35 Markgrafen, Kurfürsten und Könige. Insgesamt sind auf dem größten Porzellanbild der Welt 94 Personen in zeitgenössischer Kleidung abgebildet. Der Fürstenzug beginnt mit Konrad (um 1098–1157), der in der ersten Hälfte des 12. Jahrhunderts über die Markgrafenschaft Meißen herrschte. Dem hätte diese Ehre aber gar nicht zugestanden, denn bereits im Jahr 1089 belehnte Kaiser Heinrich IV. den Wettiner Grafen Heinrich I. von Eilenburg (um 1070–1103) mit der Markgrafschaft Meißen. Das war aber noch nicht bekannt, als das Sgraffito entstand. Der Zug endet mit König Georg II., der zu Beginn des 20. Jahrhunderts zwei Jahre in Sachsen regierte. Unter jedem Regenten stehen der Name und die Regierungszeit, lediglich der letzte regierende Wettiner fehlt, König Friedrich August III. (1865–1932). Das ist jener König, der 1918 bei seinem Sturz trotzig erklärt haben soll: »Na, da machd doch Eiern Dregg alleene!«. Er ist nicht vertreten, weil er erst ein Bub von sieben Jahren war, als 1872 mit dem Bilderfries begonnen wurde. Der ist 101,90 Meter lang und 10,51 Meter hoch und wurde in Putzkratztechnik hergestellt. Das von Wilhelm Walther geschaffene Sgraffito war aber nicht in der Lage, dem Wetter zu trotzen, deshalb

wurde 1905/1906 das Kunstwerk
auf rund 23 000 Meissener Fliesen übertragen. Wie der 1826 in
Cämmerswalde im Erzgebirge als
Sohn eines Waldarbeiters geborene
Akademieprofessor Walther aussah,
ist am rechten Bildrand zu erkennen, denn dort hat er sich selbst
verewigt. Es ist der bärtige Mann
mit dem breitkrempigen Hut auf
dem Kopf. Vor ihm laufen seine
beiden treuen Helfer, der Maurer

August der Starke

Pietsch und der Zimmermann Kern. Auch seinen Lehrer Julius Hübner,
Professor an der Kunstakademie Dresden, hat Walther festgehalten, denn
dieser hat den ursprünglich für ihn vorgesehenen Auftrag weitergereicht.
Hübner ist die 12. Person von rechts, jener Mann, der den Entwurf des
Fürstenzugs in seinen Händen hält.

ℹ️ Augustusstraße, 01067 Dresden;
Straßenbahn 1, 2, 4 bis Altmarkt, 4, 8, 9 bis Theaterplatz

Fürstenzug

41 Stadtmuseum – Dresdens Geschichte

Altes Landhaus, heute Stadtmuseum

Dresden ist nicht nur August der Starke, die Sixtinische Madonna oder das Grüne Gewölbe, die Geschichte Dresdens ist noch reicher, dargeboten wird sie im Stadtmuseum. Das befindet sich in einem Kleinod unter den Baudenkmälern, im 1770–1776 für die Ständeversammlung erbauten Alten Landhaus. Die Ausstellung lässt die Entwicklung Dresdens von der Stadtgründung 1206 bis in die Gegenwart lebendig werden. Kulturhistorisch besonders wertvoll sind die Tafelgemälde der »Zehn Gebote« von Anfang des 16. Jahrhunderts aus der Kreuzkirche. Dass Dresden vielfach in vorderster Reihe dabei war, belegt auch die Büroschreibmaschine »Ideal«. 1900 begann nach amerikanischem Patent die Produktion der ersten deutschen vierreihigen Typenhebelmaschine, bis 1915 wurden mehr als 100 000 Stück produziert.

Erschüttert stehen die Besucher vor Fotos, die das brennende Dresden am 13. und 14. Februar 1945 zeigen: die Ruine der Frauenkirche, die erste Kreuzchorvesper am 4. August 1945, das Bergen von Ziegeln am Fetscherplatz. »Wer das Weinen verlernt hat, der lernt es beim Untergang Dresdens wieder«, sagte der große Dichter Gerhart Hauptmann, der von der Oberloschwitzer Höhe im Februar 1945 auf die brennende Stadt schaute. Etwa eine halbe Million Bomben

Ruine der Frauenkirche

hatten britische und amerikanische Flugzeuge über Dresden ausgeklinkt. Die Ausstellung endet mit der friedlichen Revolution im Herbst 1989, die die Dresdner tatkräftig mitgestaltet haben.

Wer in dem Haus eine Etage höher steigt, kommt zur Städtischen Galerie, dem Kunstmuseum Dresdens. Die ständige Ausstellung vermittelt einen Streifzug durch die Dresdner Kunst des 20. und 21. Jahrhunderts, zu sehen sind von den aus Dresden stammenden Künstlern Hans Körnig das Werk »Blick auf den alten Schlachthof mit Regenbogen« (1956) und von A. R. Penck »Der Sturz« (1960), »Gespenster« sowie »Das Gespräch« (beide 1968).

ℹ️ Öffnungszeiten: Di–So 10–18, Fr 10–19 Uhr; Stadtmuseum Dresden, Wilsdruffer Straße 2, 01067 Dresden, Tel. 0351/4 88 73 01, www.museen-dresden.de; Straßenbahn 1, 2, 3, 4, 7, 12 bis Pirnaischer Platz

42 Altmarkt – das Herz der Stadt

Der Altmarkt war und ist das Herz Dresdens, auch wenn es heute etwas langsamer schlägt. Das Leben spielt sich wenige hundert Meter entfernt auf dem wiederentstandenen Neumarkt ab. 1370 wurde der planmäßig angelegte Altmarkt erstmals erwähnt, jahrhundertelang war er der Mittelpunkt des wirtschaftlichen und gesellschaftlichen Lebens in Dresden, war Markt- und Versammlungsplatz der Bürger. Im Februar 1945 gab es um den Platz nur noch Ruinen, die Bomben hatten kein Haus stehen gelassen. Ab 1943 befand sich auf dem Platz ein großes Löschwasserbecken, in den sprangen in der Bombennacht im Februar 1945 unzählige Menschen in panischer Angst, doch sie fanden keine Rettung, sondern

Wohnhäuser an der Ostseite des Altmarktes

Historische Architekturformen

wegen der unvorstellbaren Hitze den Tod. In den Wochen danach brachte man auf den Altmarkt rund 7000 Tote und äscherte sie hier ein. Der Wiederaufbau begann 1953, Dresden sollte eine »sozialistische Großstadt« werden. Als erstes entstanden die siebengeschossigen Häuser an der Ost- und der Westseite, die sich an historische Architekturformen, wie den Barock, anlehnen. Alle anderen Häuser sind später hinzugekommen, so 1969 der Kulturpalast, der die Nordseite abschließt. An der Westseite befand sich das zu DDR-Zeiten legendäre Café Prag, das nach der Einheit seinen Kultstatus verlor und im Jahr 2014 neu als Markthalle Café Prag öffnete. Die zu DDR-Zeiten offen gebliebene Südseite wurde erst nach der deutschen Einheit geschlossen. Hier befindet sich seit der Fusion von Dresdner Bank und Commerzbank die einzige Dresdner-Bank-Filiale in Deutschland. Die Dresdner Bank war 1872 in der Elbestadt gegründet worden und avancierte rasch zu einer der größten Banken in Deutschland. Der Altmarkt ist heute den Fußgängern vorbehalten, unter dem Platz entstand in den Jahren 2007–2008 eine Tiefgarage. Nach wie vor wird der Platz für bedeutende Veranstaltungen genutzt, beispielsweise für den berühmten Dresdner Striezelmarkt.

ℹ 01067 Dresden; Straßenbahn 1, 2, 4 bis Altmarkt

43 Striezelmarkt – Treff zur Adventszeit

Der Dresdner Striezelmarkt ist einer der ältesten Weihnachtsmärkte Deutschlands. Er wird seit 1434 regelmäßig zur Adventszeit auf dem Altmarkt veranstaltet. Zunächst fand er nur an einem Tag statt, nach 1700 wurde die Dauer verlängert und bald war der Striezelmarkt einer

der bedeutendsten in Deutschland. Jährlich zählt er mehr als 2,5 Millionen Besucher, oft sind über 17 000 Menschen zeitweise gleichzeitig auf dem Markt, wurde errechnet. Der Name leitet sich vom Stollen ab, im Mittelhochdeutschen Struzel oder Striezel genannt. Den Eingang des Marktes bildet ein mit 13,5 Meter Breite und mehr als fünf Meter Höhe riesiger begehbarer erzgebirgischer Schwibbogen. In der Mitte des Marktes ragt die 14,62 Meter hohe erzgebirgische Stufenpyramide auf, laut Guinness-Buch der Rekorde die höchste der Welt.

Dresdens berühmter Weihnachtsmarkt

Als Höhepunkt des Marktes wird jeden Samstag vor dem 2. Advent das Stollenfest gefeiert. Das geht auf den 1,8 Tonnen schweren Riesenstollen des Zeithainer Lustlagers von 1730 zurück, das August der Starke veranstaltete. Heute backen die Dresdner Bäcker einen mehr als vier Tonnen schweren, rund vier Meter breiten und einen Meter hohen Stollen. Der wird, nachdem er in einem Rundkurs durch die Altstadt gefahren wurde, in einer Zeremonie angeschnitten. Das erfolgt mit dem 1,60 Meter langen Großen Dresdner Stollenmesser durch den Königlichen Hofbäckermeister und das Dresdner Stollenmädchen. Die Einzelstücke werden verkauft, der Erlös kommt einem karitativen Zweck zugute. Über den Markt zieht der Duft von Rostbratwürsten, es riecht nach gebrannten Mandeln und Pfefferkuchen, der besinnliche Glanz der Lichter und die stimmungsvolle Weihnachtsmusik verbreiten heimelige Atmosphäre. Verkauft werden viele sächsische Produkte, so alles, was die Schnitzer des Erzgebirges fertigen. Auf der Striezelmarktbühne treten Berufs- und Laienkünstler auf, um mit Gesang, Tanz und Musik zu erfreuen.

ℹ 01067 Dresden,
www.striezelmarkt.de;
Straßenbahn 1, 2, 4 bis Altmarkt

44 Kulturpalast – denkmalgeschützter DDR-Bau

Kulturpalast

Der 1969 eröffnete Kulturpalast gehört zu Dresdens wichtigsten Veranstaltungsorten für Konzerte, Unterhaltungsshows sowie Tagungen und Kongresse. Er ist Heimstatt für die 1870 gegründete international bekannte Dresdner Philharmonie. Ursprünglich war ein turmartiges Gebäude geplant, ein »sozialistisches Kultur-Hochhaus«, das glücklicherweise nicht gebaut wurde, denn es hätte das Stadtbild zerstört, meinen die Denkmalschützer und Stadtplaner. Entstanden ist ein modernes Haus mit kupferblechgedecktem Dach, in dem internationale Künstler von Rang gastierten. Die Dresdner pilgerten in Scharen in ihren Kulturpalast. An der Westseite prangt das 30 mal 10 Meter große Propagandabild »Der Weg der roten Fahne«, das seit dem Jahr 2001 als Kulturdenkmal gilt, somit erhalten bleibt und auch kommenden Generationen die damals herrschende sozialistische Ideologie gegenständlich demonstriert. Beachtenswert sind auch die fünf bronzenen Haupteingangstüren, die die Entwicklung Dresdens vom Fischerdorf zur Großstadt darstellen.

Detailszene an einer Eingangstür

Gegenwärtig ist der Kulturpalast geschlossen, er wird saniert und umgebaut. Anstelle des bisherigen Festsaals mit 2435 Plätzen entsteht ein moderner Konzertsaal mit einer den internationalen Ansprüchen angemessenen Akustik.

ℹ 01067 Dresden; Straßenbahn 1, 2, 4 bis Altmarkt

45 Kreuzkirche – Heimstatt eines berühmten Chors

Mit 3600 Plätzen gehört die Kreuzkirche zu den größten evangelischen Gotteshäusern Deutschlands. Fünfmal wurde Dresdens älteste Kirche an der Südwestecke des Altmarktes durch Brand oder Krieg zerstört und fünfmal wurde sie wieder aufgebaut. Seine heutige klassizistische Gestalt mit dem 94 Meter hohen Turm, der einen schönen Ausblick bietet, bekam der Sakralbau im Wesentlichen 1764–1792. Der Turm der Kreuzkirche entstand nach dem Vorbild des Turms der Hofkirche. 256 Stufen führen zur Aussichtsterrasse in 54 Meter Höhe. Auf dem Weg nach oben kann auch ein Blick in die Türmerstube geworfen werden. Neueren Datums ist die Turmuhr mit einem Zifferblattdurchmesser von drei Metern. Sie befindet sich unterhalb der Aussichtsterrasse und stammt von 1930. Der Name des Gotteshauses geht auf die Kreuzkapelle zurück, die um 1235 dem ersten Kirchenbau angefügt wurde, um einen Splitter vom Kreuz Christi aufzubewahren. Doch der ist seit der Reformation verschwunden. 1945 verbrannte die neobarocke Raumfassung, stehen blieben nur die Sandstein-Außenmauern. Bei der Wiederherstellung wurde das Innere mit hellem Rauputz und einer schlichten, modernen Ausstattung versehen. Doch was als Provisorium gedacht war, bleibt für immer bestehen. Die Schmucklosigkeit soll Mahnung an die Schrecken des Krieges sein, auch das Altarbild »Kreuzigung« bleibt rußgeschwärzt. An die Schrecken des Zweiten Weltkrieges erinnert zudem das Nagel-

Altar der Kreuzkirche

Blick vom Altmarkt auf die Kreuzkirche

kreuz in der Heinrich-Schütz-Kapelle rechts beim Haupteingang. Es ist ein Versöhnungsgeschenk der Kathedrale von Coventry, die 1940 von deutschen Bomben zerstört worden war. Die Kreuzkirche ist künstlerische Heimstatt des weltbekannten Kreuzchores.

> ℹ️ Öffnungszeiten: Mo–Fr, So 10–18, Sa 10–15 Uhr; Kreuzkirche, An der Kreuzkirche 6, 01067 Dresden, Tel. 0351/4 39 39 20, www.kreuzkirche-dresden.de; Straßenbahn 1, 2, 4 bis Altmarkt, 8, 9, 11, 12 bis Prager Straße

46 Kreuzchor – wundervolle Knabenstimmen

Im fernen Japan ebenso wie in den USA und Kanada drängt sich ein begeistertes Publikum, um den traditionsreichen Kreuzchor aus Dresden zu hören. Bereits die Chroniken des 14. Jahrhunderts verzeichnen den Knabenchor, der aus Schülern der städtischen Kreuzschule gebildet wurde. Und auch beim ersten evangelischen Gottesdienst in der Stadt am 6. Juli 1539 haben die Jungen gesungen. 1530 war der erste Kreuzkantor berufen worden, den eine Verordnung beauflagte, er solle »christliche deutsche Lieder aus dem Gesangsbuch Dr. Luthers singen und figurieren«. Seit Ende des 19. Jahrhunderts wird das Werk Johann Sebastian Bachs besonders gepflegt. Damals hatte sich auch die Chorgröße von 32 Kruzianern auf 66 erhöht, heute sind es 150 Chormitglieder im Alter von neun bis 19 Jahren. Bis zum Abitur bekommen die Kruzianer ihre schulische Ausbildung im Evangelischen Kreuzgymnasium. Wer einen weiten Heimfahrtsweg hat, wohnt im Alumnat, dem Internat des Chores. Der Chor bestreitet rund die Hälfte aller liturgischen Dienste in der Kreuzkirche. Ferner ist er jährlich in etwa zehn Konzerten zu hören, für die er aus einem breit gefächerten Repertoire von mehr als 3000 Werken, das vom Frühbarock bis zu Uraufführungen der zeitgenössischen Moderne

Auftritt des berühmten Kreuzchores

reicht, schöpfen kann. Höhepunkte im Dresdner Konzertleben sind die gemeinsamen Konzerte mit der Sächsischen Staatskapelle Dresden oder der Dresdner Philharmonie. Wer zum Kreuzkantor berufen wird, hat eines der ehrenvollsten und renommiertesten Ämter der evangelischen Kirchenmusik inne. Die bekanntesten Kreuzkantoren waren Ernst Julius Otto, der den Chor von 1828–1875 leitete und Rudolf Mauersberger, der von 1930–1971 mehr als 40 Jahre als 25. Kreuzkantor tätig war. Zu Weltruhm gelangten die ehemaligen Kreuzchorsänger Peter Schreier, Tenor, und Theo Adam, Bass. Der berühmteste Schüler der Kreuzschule, Richard Wagner, brachte es während seiner Schulzeit von 1822–1827 nicht zum Chorsänger.

ℹ️ Kreuzkirche, An der Kreuzkirche 6, 01067 Dresden, Tel. 0351/4 39 39 20, www.kreuzkirche-dresden.de; Straßenbahn 1, 2, 4 bis Altmarkt, 8, 9, 11, 12 bis Prager Straße

47 Neues Rathaus – zwei Löwen halten Wache

Der achteckige, 100 Meter hohe Turm, der zur Stadtsilhouette gehört, weist den Weg zum Neuen Rathaus. Das sandsteinverkleidete Gebäude hat einen Gesamtumfang von 467 Metern. Wer alle Korridore entlangläuft, legt rund drei Kilometer zurück. Das Rathaus am Altmarkt war zu eng geworden, und so entstand 1905–1910 ein neues. Errichtet wurde ein unregelmäßiger, vier- bis fünfgeschossiger Gebäudekomplex mit sechs Innenhöfen und einem repräsentativen Treppenhaus im Festsaalflügel, dessen Kuppel reizvolle Wandmalereien im Jugendstil zieren. Die vier Türen schmücken vergoldete schmiedeeiserne Gitter, deshalb spricht man auch von der Goldenen Pforte. Davor halten zwei bronzene Löwen von Georg Wrba das Dresdner Stadtwappen.

Neues Rathaus mit den beiden Bronzelöwen am Eingang

Jugendstil-Treppenaufgang

An der Südostecke bekam die Bronzegruppe »Bacchus auf einem trunkenen Esel reitend« (1910) ihren Platz. Tausende berührten schon die längst blankpolierte Zehe von Bacchus, denn das soll die baldige Wiederkehr sichern. Ebenfalls von Wrba stammt der schlichte Brunnen an der Westseite des Rathauses. Auf dem achteckigen Turm mit einer Uhr von vier Metern Durchmesser thront der »Rathausmann« (s.u.), wie die 4,90 Meter hohe, mit 100 Gramm Blattgold überzogene Skulptur genannt wird. Im Turm fährt ein Lift bis zum Aussichtsrundgang in 68 Meter Höhe. Der Blick von hier ist schön, aber nicht so toll, wie ihn der Rathausmann genießen kann. Der schaut aus einer Höhe von 100,20 Metern auf die Stadt.

🄸 01067 Dresden; Straßenbahn 8, 9, 11, 12 bis Prager Straße, 1, 2, 3, 7, 12 und Bus 75 bis Pirnaischer Platz

Rathausmann

1750 Kilogramm wiegt die von Bildhauer Richard Guhr 1908–1910 geschaffene Kupferskulptur auf dem Turm des Neuen Rathauses. Der bärtige Mann mit einer Mauerkrone auf dem Haupt symbolisiert den Schutzpatron Herkules, den für seine Stärke berühmten mythischen griechischen Helden der Antike und Schützling der Athene. Modell für die Skulptur stand der muskelbepackte Meißner Kraftakrobat Ewald Redam, einer der ungewöhnlichsten Artisten seiner Zeit. Redam war 1907 Sachsenmeister im Schwergewicht der Ringer geworden. Später gründete er in Riga ein eigenes Varieté, gastierte mit seiner Frau und zwei weiteren  Artisten unter dem Namen »Vier Redams-Kraftathleten« an großen Varietés in Europa, Asien und Amerika. 1932 wurde er Lehrer für Kraftakrobatik an der Artistenschule in Moskau. Nach dem Zweiten Weltkrieg arbeitete Redam als Dolmetscher bei der sowjetischen Kommandantur in Meißen. Im Dezember 1947 schied er durch Suizid aus dem Leben. Ewald Redam stand nicht nur für den Rathausmann Modell, sondern auch für den »Ballwerfer« am Deutschen Hygiene-Museum und die Brunnenensembles am Albertplatz.

48 Trümmerfrau – Grundsteinlegung für eine neue Zeit

Die Frau trägt Arbeitskleidung mit derben Schuhen und auf dem Kopf ein Tuch. Walter Reinhold hat die Plastik »Trümmerfrau« 1952 aus Eisen geschaffen, 1968 wurde sie durch einen Bronzeguss ersetzt. Sie steht auf einem Sockel aus Trümmerziegelmauerwerk auf dem Rathausplatz, mit ihr werden die Frauen gewürdigt, die in den Jahren nach dem Zweiten Weltkrieg Dresden von den Trümmern befreiten. Zwischen dem späten Abend des 13. Februar 1945 und dem Mittag des 15. Februar 1945 wurde die Stadt zum Ziel von vier alliierten Luftangriffen. Haushohe Flammen loderten und versperrten den Menschen die Fluchtwege. Vermutlich bis zu 25 000 Menschen fanden den Tod. Die einstige sächsische Residenz war im Bombenhagel untergegangen, die Stadt zu einer Trümmerlandschaft geworden, das Zentrum nahezu unbewohnbar, der Feuersturm hatte bis zu 80 000 Wohnungen zerstört.

Frauen waren es, die nach dem Krieg die wichtigsten Verkehrsstraßen freilegten, oftmals beseitigten sie unter Lebensgefahr einsturzbedrohte Häuserfassaden, verfüllten Bombentrichter, setzten notdürftig Wohnungen instand, klopften Steine von Zement frei. Arbeitsmittel standen ihnen nur wenige zur Verfügung. Der Schutt wurde in Wagen verladen und weil es kaum Pferde gab, zogen die Frauen sie selbst. Die Trümmer kamen zunächst auf Halden, die beräumten Gebiete blieben viele Jahre als Grünflächen bestehen, manche bis nach der deutschen Einheit 1990. Modell für die Plastik »Trümmerfrau« soll dem Künstler die Lagerarbeiterin Erika Hohlfeld gestanden haben, eine der unzähligen Frauen, die in Dresden etwa 18 Millionen Kubikmeter Schutt beseitigten, eine jener Frauen, die das Wunder vollbrachten, dass das Chaos einem geordneten Leben wich, die den Grundstein legten, dass Dresden wieder zu dem wurde, was es heute ist.

Denkmal für die Trümmerfrauen

ℹ️ Rathausplatz, 01067 Dresden;
Straßenbahn 8, 9, 11, 12
bis Prager Straße, 1, 2, 3, 7, 12
und Bus 75 bis Pirnaischer Platz

49 Gänsediebbrunnen – eine wahre Geschichte in Bronze

Der Brunnen zeigt einen jungen Mann, der zwei Gänse stiehlt. Geschaffen hat die Bronzefigur der Bildhauer Robert Diez (1844–1922) und sich dabei an eine wahre Geschichte gehalten. Die wird so erzählt: Der junge Thomas Platter, später ein bekannter Schweizer Humanist, Schriftsteller und Rektor der Lateinschule Basel, zog mit seinem Vetter Paulus Summermatter und anderen als fahrender Schüler durch Deutschland. In Dresden besuchten sie 1512 auch die Kreuzschule. Für das Abschiedsessen stahl Platter die beiden Gänse. Der Brunnen soll an die armen Kreuzschüler des Mittelalters erinnern. Auf der Internationalen Kunstausstellung 1879 in München erhielt der Brunnen die Große Goldene Medaille und machte

Gänsediebbrunnen

den Künstler berühmt. Ein Jahr später wurde der Brunnen auf dem nicht mehr bestehenden Dresdner Ferdinandplatz aufgestellt, 1961 erhielt er seinen jetzigen Standort in der Weißen Gasse. Die Dresdner können sich aber nicht rühmen, als einzige einen so schönen Gänsediebbrunnen zu besitzen. Auch Pößneck in Thüringen hat einen, die Brunnenfigur gleicht der in Dresden haargenau. Kein Wunder, denn Robert Diez hat seiner thüringischen Geburtsstadt, deren Ehrenbürger er ist, einen Bronzeabguss seines bekanntesten Werkes geschenkt.

ℹ Weiße Gasse, 01067 Dresden; Straßenbahn 1, 2, 4 bis Altmarkt

50 Neues Gewandhaus – Hotel in historischem Gewand

Wo einst die Gewandschneider saßen, lassen es sich heute zahlungskräftige Gäste gut gehen. Das Neue Gewandhaus wurde zu einem beliebten Luxus-Hotel. Doch eines dürfte manchmal wohl noch so sein wie vor 250 Jahren: Die Betriebsamkeit könnte der ähneln, als hier noch gehandelt wurde, als sich im Erdgeschoss die Fleischbänke befanden und in den Sälen des Obergeschosses die Tuchhändler ihre Waren feilboten. Das Gewandhaus entstand 1768–1770 und war der bedeutendste städtische Bau nach dem Siebenjährigen Krieg (1756–1763). Man nennt es Neues Gewandhaus, weil es vorher bereits zwei gegeben hatte. Das erste stand

Das Neue Gewandhaus – heute Hotel

seit 1295 an der Nordseite des Altmarktes, als es zu eng geworden war, erwarb die Stadt 1453 den Judenhof am Neumarkt und ließ ihn 1591–1592 zum zweiten Gewandhaus erweitern. Der Siebenjährige Krieg löschte das Bauwerk von den Stadtplänen. Ein fast ähnliches Schicksal erlebte das Neue Gewandhaus, das 1925 zur Dresdner Stadtbank umgebaut worden war. Der Zweite Weltkrieg verwandelte es in eine Ruine. Der originale Wiederaufbau erfolgte bis 1967, lediglich der Innenhof und die Westfassade wurden neu gestaltet. Über dem Eingangsportal befindet sich wieder wie einst das Stadtwappen. Das palaisartige Gewandhaus öffnete als Hotel. Und das ist es heute, von einer kurzen Unterbrechung Anfang der 1990er-Jahre abgesehen, immer noch.

Seaside Gewandhaus Hotel, Ringstraße 1, 01067 Dresden, Tel. 0351/49 49 36 36, www.gewandhaus-hotel.de; Straßenbahn 1, 2, 3, 7, 12 und Bus 75 bis Pirnaischer Platz

Restaurant

Innenhof

51 Dinglingerbrunnen – vom Haus des Hofjuweliers

Das Wohnhaus von Johann Melchior Dinglinger, einst Frauenstra-

ße 9 nahe dem Neumarkt, wurde im Zweiten Weltkrieg zerstört. Der reich verzierte barocke Brunnen, der im kleinen Hof seines Hauses stand, befand sich unter dem Trümmerberg. Denkmalpfleger retteten die Reste und sicherten sie. In den 1960er-Jahren begann die Restaurierung durch den Bildhauer Werner Hempel und als das Neue Gewandhaus wieder entstand, brachte man den Brunnen an der Westfassade an. Damals wie heute fasst er ein Fenster ein. Dinglinger war Hofjuwelier bei August dem Starken und gehört zu den bedeutendsten Goldschmieden des Barocks. Bis zu seinem Tod 1731 arbeitete er in Dresden, war fünfmal verheiratet und hatte 23 Kinder. Dinglinger war ein wohlhabender Bür-

ger, was der Brunnen belegt, den der Meister 1718 vermutlich selbst entworfen hat. Das denkmalgeschützte Werk ist aus Elbsandstein gefertigt. Der Blick dürfte zunächst auf das Brunnenbecken fallen, das auf einem fischartigen Wesen ruht und das eine, von zwei Putten flankierte offene Muschel schmückt. Der Kopf darüber soll Triton darstellen, den griechischen Meeresgott. Über dem Fenster prangt das Haupt des Bacchus mit vergoldeter Zunge, über ihm umrahmen vier Putten eine Muschel mit vergoldeter Perle.

Barock-Brunnen

ℹ Weiße Gasse, 01067 Dresden; Straßenbahn 1, 2, 3, 7, 12, Bus 75 bis Pirnaischer Platz

52 Schauspielhaus – Bühne berühmter Mimen

Bei der Einweihung 1913 galt das repräsentative Gebäude als Europas modernste Sprechbühne. Deshalb folgte auch der König der Einladung, und mit ihm saßen viele Prominente im Zuschauerraum, so die Autoren Gerhart Hauptmann, Stefan Zweig und Hugo von Hofmannsthal. Der Zuschauerraum, den ein riesiger Kronleuchter ziert, zeigt sich auch heute noch von beeindruckender Schönheit. Die zwei Ränge über dem

Schauspielhaus

Parkett zieren Muscheldekorationen, die Decke ist reich stuckiert. Das Theater entstand auf Wunsch des Dresdner Bürgertums, das eine eigene, ausschließlich dem Schauspiel vorbehaltene Bühne forderte. Mithilfe einer »Theateranleihe« kam rasch die nötige Summe von über einer Million Reichsmark zusammen. 1945 schwer beschädigt, konnte das wuchtige Schauspielhaus bereits 1948 wiedereröffnet werden. Die Theatertechnik mit ihren imponierenden unterirdischen Schiebebühnen und versenkbaren Bühnenflächen – zwar auf den technisch neuesten Stand gebracht – stammt noch aus dem Erbauungsjahr. Die Hydraulik, mit der im Theater Bühnenteile auf bis zu elf Meter gehoben werden können, steht unter Denkmalschutz. Das Staatsschauspiel war und ist die Heimat vieler bekannter Mimen. In der Ahnengalerie im Parkettwandelgang hängen ihre Bilder eingerahmt, so das von Clara Salbach, die von 1889–1932 dem Ensemble angehörte, Erich Ponto von 1914–1947 und Horst Schulze von 1956–1965. Auf dem Spielplan des Theaters stehen Stücke, die zur Weltdramatik gehören. Die Auslastung des Theaters beträgt im Jahresdurchschnitt über 80 Prozent, ein Indiz für seine Beliebtheit.

 Schauspielhaus, Theaterstraße 2, 01067 Dresden, Tel. 0351/491 35 55, www.staatsschauspiel-dresden.de; Straßenbahn 1, 2, 4, 8, 9 und Bus 94 Postplatz

Im Zuschauerraum

Erfolgreiche Aufführungen

53 Queckbrunnen – älteste erhaltene Wasserfontäne der Stadt

Der Brunnen mit einem 3,60 Meter hohen Sandsteinhaus ist Dresdens älteste erhaltene Wasserfontäne. Bereits 1461 wird der Queckbrunnen erwähnt. Im Mittelalter, so die Überlieferung, sollen kinderlose Frauen sein Wasser getrunken haben, um fruchtbar zu werden. Vor der Reformation kamen so viele, dass 1514 neben ihm eine Wallfahrtskapelle errichtet wurde. Der Storch mit insgesamt vier Wickelkindern wurde jedoch erst 1735 auf dem Brunnendach angebracht. 1945 stark beschädigt, ziert seit 1968 ein neuer Storch den Brunnen. Einst stand der Wasserspender auf einer Viehweide 400 Meter nordwestlich des Wilsdruffer Tors und versorgte die Gerbergemeinde mit Wasser. Sein Name leitet sich vom Standort ab: Queck ist ein altdeutsches Wort, das Vieh bedeutet, also handelte es sich vor allem um einen Brunnen, mit dessen Wasser das Vieh getränkt wurde. 1870 bekam der Brunnen seine heutige Gestalt mit dem Dresdner Wappen als Relief an der Vorderseite. Die Umsetzung an seinen gegenwärtigen Standort erfolgte 1965.

ℹ Herta-Lindner-Straße, 01067 Dresden; Straßenbahn 11 bis Am Zwingerteich

Storch auf dem ...   Queckbrunnen

54 Erlweinspeicher – vom Warenlager zum Hotel

Der monumentale Erlweinspeicher stand nach dem DDR-Ende lange Zeit fast unbeachtet am Elbufer, als wartete er darauf, aus seiner Einsamkeit erlöst zu werden. Benannt wurde das große Lagerhaus nach dem Dresdner Stadtbaurat Hans Erlwein (1872–1914), der das Bauwerk als Speicher für Tabak, Gewürze, Wolle und Stoffe errichtete. Erlwein wusste um die Schwierigkeit des Auftrags, denn der weithin sichtbare Speicher stand in direkter Blickbeziehung zu Semperoper, Zwinger und Brühlscher Terrasse. Ihm gelang es, die große Gebäudemasse durch Giebelfronten und stufenartige Rücksprünge sowie eine kleinteilige Dachlandschaft abzumildern. Nach nur fünfzehn Monaten Bauzeit konnte im

Der Erlweinspeicher – heute Hotel an der Elbe

Jahr 1914 Eröffnung gefeiert werden. Speicher gab es viele, doch so nah am Hafen war kein anderer. Das Bauwerk gehört zu den architektonisch bedeutenden von Dresden und wurde deshalb unter Denkmalschutz gestellt. Im Mai 2006 fand erneut eine Eröffnung statt, drängten sich wieder die Gäste in dem 76 Meter langen und 40 Meter hohen Gebäude. Das war innen völlig entkernt worden, um Platz für ein bis zum Dach reichendes Atrium zu schaffen. Eingezogen in das Speichergebäude ist das Kongresshotel Maritim mit 328 Zimmern. Das elegante Internationale Congress Center Dresden befindet sich gleich neben dem Hotel.

ℹ️ Maritim Hotel & Internationales Congress Center Dresden,
Ostra-Ufer 2, 01067 Dresden, Tel. 0351/21 60, www.maritim.de;
Straßenbahn 6, 11 bis Kongresszentrum

55 Landtagsgebäude – Parlament am Elbufer

Im Jahr 1990 kehrte mit der deutschen Einheit nach rund vier Jahrzehnten der Freistaat Sachsen auf die Landkarten zurück und die Sachsen wählten wieder ein Parlament. Doch wo sollten die Parlamentarier tagen? Die Sitzungssäle im einstigen Landtagsgebäude, dem Neuen Ständehaus am Schlossplatz, waren während des Zweiten Weltkrieges zerstört worden. In ihrer Not zogen die Abgeordneten in die Dreikönigskirche, die jedoch als dauerhafter Parlamentssitz nicht geeignet war. Deshalb entstand am Elbufer der Altstadt ein modernes Landtagsgebäude, das mit dem

Plenarsaal des Landtages

Landtagsgebäude

Gebäude der einstigen SED-Bezirksleitung verbunden wurde. Dieses niedrig gehaltene Bauwerk war 1928–1931 im Stil der Neuen Sachlichkeit entstanden. Der moderne Anbau von 1991–1994 mit dem Plenarsaal, der sich bescheiden in die Elbuferbebauung einordnet, machte durch die unmittelbare Elbnähe eine aufwändige Pfahlgründung erforderlich: 176 Bohrpfähle, die stärksten mit einem Durchmesser von 1,20 Meter, tragen das gläserne Gebäude. Vom Sitzungssaal schauen die Abgeordneten unmittelbar auf den Fluss. Manchmal, so wird gemunkelt, weiß man nicht so recht, ob dieser oder jener interessiert die Debatte verfolgt oder die auf der Elbe vorüberziehenden Schiffe.

Sächsischer Landtag, Bernhard-von-Lindenau-Platz, 01067 Dresden, Tel. 0351/4 93 51 31, www.landtag.sachsen.de; Straßenbahn 11 bis Am Zwingerteich.

Bronzemann auf dem Dach

56 Pencks Bronzefigur – der nackte Mann auf dem Dach

Dort, wo die Maxstraße in die Ostra-Allee mündet, hockt auf dem Dach ein nackter Mann mit erhobenen Armen. Die 6,40 Meter hohe imposante Plastik stammt von dem Dresdner Ralf Winkler, der als A. R. Penck (geb. 1939) einer der wegweisenden Künstler der deutschen Nachkriegszeit wurde und zu den gefragtesten deutschen Gegenwartskünstlern gehört. Im Gegensatz zu zahlreichen anderen Dresdner Künstlern, die aus der DDR geflohen waren, hatte man Penck als unbequem und aufbegehrend 1980 ausgebürgert und in den Westen abgeschoben, wo er zahlreiche Preise erhielt. Winkler hatte sich in der DDR viermal erfolglos an der Hochschule für Bildende Künste in Dresden und an der Hochschule für Bildende und Angewandte Künste in Berlin-Ost beworben, die Malerei eignete er sich schließlich als Autodidakt an. Zu seinem Markenzeichen wurden Strichmännchen und grafische Bildzeichen, die sogenannten Standart-Bilder. Eins von ihnen, die 2,5 Tonnen schwere Bronzeplastik Standart T (x), steht seit 1995 auf dem Dach des Hauses Ostra-Allee 33.

ℹ️ Ostra-Allee 33/Ecke Maxstraße, 01067 Dresden;
Straßenbahn 6, 11 bis Kongresszentrum

57 Yenidze – orientalisches Wahrzeichen

Ein Industriedenkmal avancierte zu Dresdens originellstem Wahrzeichen: die frühere Zigarettenfabrik Yenidze. Das Gebäude am Elbufer erinnert an die Märchen aus Tausendundeiner Nacht. Anfang des 20. Jahrhunderts verboten es die Bauvorschriften, Industrieanlagen mit hohen Schornsteinen zu errichten, um die Silhouette der Kunst- und Residenzstadt Dresden nicht zu verschandeln. Zigarettenfabrikant Hugo Zietz kam die pfiffige Idee, seinen Fabrikneubau in Form einer Moschee und den Schornstein als Minarett zu gestalten. Benannt wurde das Fabrikgebäude nach der nordgriechischen Kleinstadt Giannitsa, die Yenidze hieß, als sie noch ein Tabakbauerndorf war und zum osmanischen Reich gehörte. Heute erinnert die Yenidze an jene Zeit, als Dresden das Mekka

Yenidze: ein Stück Orient in Dresden

Farbig verglaste Kuppel

der deutschen Zigarettenindustrie war. 1862 nahm hier die erste Zigarettenfabrik Deutschlands die Produktion auf, um 1900 gab es in Dresden rund 60 Tabakfabriken, aus der Elbestadt kamen zwei Drittel aller in Deutschland produzierten Zigaretten. Die 20 Meter hohe Kuppel ähnelt den Kalifengrabmälern in Kairo. Sie ist farbig verglast, wird bei Dunkelheit von innen angestrahlt und verbreitet so weithin ein wenig orientalisches Flair. Heute ist die Yenidze ein Bürogebäude mit einem Restaurant unter der Kuppel.

ℹ️ Yenidze, Weißeritzstraße 3, 01067 Dresden, Tel. 0351/4 90 59 90, www.kuppelrestaurant.de; Straßenbahn 6, 11 bis Kongresszentrum

58 Postmeilensäule – Wegweiser aus Kurfürstens Zeiten

Vier Postmeilensäulen gab es einst in Dresden, sie gehören zu den weit über 1000 Säulen, die an bedeutenden Post- und Handelsstraßen des Kurfürstentums Sachsen standen. August der Starke hatte die Aufstellung der Säulen 1721 in einem Dekret angeordnet. Sie fungierten als Richtungs- und Entfernungswegweiser. Neben den Stundenangaben nannten die Säulen die Orte, die vom Standort mit der Postkutsche erreicht werden konnten sowie das Aufstellungsjahr, sie zeigten das Posthorn und die Initialen des Kurfürsten. Die Distanzsäulen waren 3,75 Meter hoch, die Halbmeilensäulen drei Meter und die Viertelmeilensteine 1,70 Meter. Seinerzeit diente die Stunde als Längenmaß für eine Wegstrecke. An der Postsäule stand aber nicht, welche Strecke die Postkutsche in einer Stunde zurücklegte, sondern ein Fußgänger in gemütlichem Tempo. Eine Stunde entsprach einer kursächsischen Postmeile und die wiederum 4,531 Kilometer. Auf der Dresdner Säule sind bis Dippoldiswalde 4 St. 5/8 angegeben, die bedeuten

21 Kilometer, die 8 St. 5/8 bis Altenberg entsprechen 39 Kilometer. 1872 war in Deutschland Schluss mit den unterschiedlichen Maßen, einheitlich wurde der Kilometer eingeführt. Die Postmeilensäulen hatten ausgedient, nach und nach verschwanden sie. In den letzten Jahrzehnten erlebten sie eine Renaissance, zahlreiche Postmeilensäulen kehrten als Schmuckstücke zurück. Die vom ehemaligen Wilsdruffer Tor an der heutigen Annenstraße wurde als Nachbildung 1997 an ihrem jetzigen Standort platziert.

 Freiberger/Hertha-Lindner-Straße, 01067 Dresden; Straßenbahn 1, 2, 4, 8, 9 und Bus 94 bis Postplatz

59 World Trade Center – Dresdens Welthandelszentrum

Das Handels-, Büro- und Kommunikationszentrum mit glasüberdachter Einkaufsstraße war einer der ersten modernen Bauten, die nach der Einheit Deutschlands in Dresden entstanden. Der Gebäudekomplex mit hübschen, gartenarchitektonisch gestalteten Innenhöfen gehört zu einem der etwa 300 von der World Trade Centers Association (WTCA) anerkannten Welthandelszentren. In Dresden wirkt der sechs- bis neungeschossige Gebäudetrakt mit Sandsteinfassaden und vielen verglasten Segmenten ein wenig verlassen, weil um ihn herum das lebhafte Stadtleben fehlt. Den Gebäudekomplex dominiert der 16-geschossige runde Turm. Er sollte ursprünglich weit höher aufragen, doch die Stadt genehmigte nur 53 Meter, um das barocke Stadtbild nicht zu stören. Der Turm dürfe von der Neustädter Elbseite nicht zu sehen sein, hieß es in

Atrium

World Trade Center am Abend

der Begründung. Neben Büros befinden sich in dem modernen Gebäudekomplex zahlreiche Einkaufsmöglichkeiten, ein Theater, die zentrale Stadtbibliothek und ein 214-Zimmer-Hotel.

> ℹ️ World Trade Center, Ammonstraße 72, 01067 Dresden, www.wtc-dresden.de; Straßenbahn 7, 10, 12 bis Freiberger Straße

60 Prager Straße – beliebter Bummelboulevard

Die Prager Straße, 1851 als Verbindung zwischen Altmarkt und Wiener Platz angelegt, verschwand im Bombenhagel des Februars 1945. Keins der Geschäfte, Warenhäuser, Cafés, Kinos von Dresdens belebtester und glanzvollster Straße überstand das Inferno. Die Elbestadt bekam zwar die Prager Straße zurück, doch eine völlig andere. Anstelle der vor dem Zweiten Weltkrieg nur 14 bis 17 Meter breiten Straßenschlucht wurde ab 1965 ein weiträumiges städtebauliches Ensemble mit viel Grün, Bänken und Springbrunnen geschaffen. An der Westseite dominieren drei elfstöckige Hotels, an der Südseite erhebt sich das 14-geschossige Pullmann Hotel Dresden Newa, seit 2003 mit einer modernen Glasfassade bestückt. 1978 strömten die ersten Kunden in das Centrum-Warenhaus mit wabenförmigen Aluminiumelementen, die den Kubus verkleideten. Wie das nahe Rundkino und der Kulturpalast am Altmarkt gehörte das Warenhaus zu den Gebäuden der Nachkriegsmoderne. Doch aus unerklärlichen Gründen hatte man es nicht unter Denkmalschutz gestellt, und so konnte es abgerissen werden. Da nutzte auch der Protest vieler Dresdner

Wasserspiele auf der Prager Straße

Rundkino Prager Straße

nichts. An seiner Stelle entstand 2007 die Centrum-Galerie als größtes Einkaufszentrum in der Innenstadt. Ursprünglich war vorgesehen, das neue Bauwerk mit den originalen Waben zu verkleiden, aber letztlich wurden sie neu gefertigt. Das einem Ufo ähnelnde Rundkino, eines der bedeutendsten Bauwerke der Nachkriegsmoderne in Dresden, öffnete ebenfalls 1978. Der große Saal mit 898 Plätzen besitzt die größte Kinoleinwand in Sachsen, die Technische Universität Dresden nutzt ihn bei besonderen Themen auch als Hörsaal. Ein Bauwerk der Nachwendezeit ist der 1997–1998 mit dem Deutschen Architekturpreis ausgezeichnete nahe Ufa-Kristallpalast mit seinen acht Sälen.

🅸 01069 Dresden; Straßenbahn 8, 9, 11, 12 bis Prager Straße, 3, 8 und Bus 66 bis Hauptbahnhof

Ufa-Kristallpalast

Centrum-Galerie

»Prager Zeile«

240 Meter lang ist das 12-stöcki-ge Wohn- und Geschäftshaus St. Petersburger Straße 26–32, »Prager Zeile« genannt. Es bildet den östli-chen Abschluss des zwischen 1965 und 1978 entstandenen Ensembles Prager Straße. Zum Zeitpunkt der Erbauung war es das größte in der

DDR errichtete Wohngebäude, heute gilt es als Beispiel der DDR-Nachkriegs-moderne. Als Vorbild für das Haus diente die Unité d'Habitation des franzö-sischen Architekten Le Corbusier. Vier seiner Projekte, die nach dem Zweiten Weltkrieg den Wohnungsmangel lindern sollten, entstanden in verschiedenen französischen Städten sowie in Berlin. Das Corbusierhaus in der deutschen Hauptstadt hat eine Länge von 157 Metern, 17 Geschosse und 530 Woh-nungen, in der »Dresdner Zeile« werden seit der 2007 erfolgten Sanierung 561 Wohnungen angeboten, vom einfachen Studentenappartement bis zum luxuriösen Penthouse.

61 Dixieland-Festival – Europas größtes Oldtime-Jazz-Festival

Jedes Jahr im Mai bewegt sich Dresden im Dixieland-Fieber. Tausende drängen sich auf der Dixiemeile Prager Straße. Auf oftmals acht Büh-nen vom Hauptbahnhof bis zum Altmarkt spielen Bands aus aller Welt. Seit Mitte der 1970er-Jahre gilt Dresden europaweit als Hauptstadt des Dixieland. Das Festival hat Volksfestcharakter, jedes Jahr treten mehr als

Kulturmagnet: das Dixieland-Festival

Dixieland-Parade an der Brühlschen Terrasse

40 Bands mit über 200 Musikern aus rund einem Dutzend Ländern auf. Zu den Höhepunkten gehört das Riverboat-Shuffle mit den Schaufelraddampfern auf der Elbe, beliebt sind ferner die Dixie-Straßenbahn-Stadtrundfahrten.

Das erste Festival fand 1971 statt, vier Jahre später gastierte mit der Hamburger »Old Merry Tale Band« erstmals eine Formation aus der Bundesrepublik hier. Wenn alle beteiligten Bands zur »Street Parade« durch die Stadt zogen, waren mehr Menschen freiwillig auf den Beinen als zu den von den DDR-Behörden reglementierten Demonstrationen zum 1. Mai oder dem »Tag der Republik« am 7. Oktober. Zeitiges Kommen sicherte Eintrittskarten: Wenn der Vorverkauf begann, rückten nicht wenige bereits Tage zuvor mit Schlafsäcken, Campingliegen und Stühlen an, man bildete Wartegemeinschaften und löste sich im Abstand von mehreren Stunden ab. Manche reisten auch zum Dixieland-Festival, obwohl sie die Musik gar nicht mochten. Sie fuhren nach Dresden, um internationales Flair zu genießen, um einen Hauch von der großen weiten Welt zu spüren, die ihnen ansonsten weitgehend versperrt war.

ℹ www.dixielandfestival-dresden.com

Konzerte an Land und ...

... auf dem Wasser – Riverboat-Shuffle

62 Hauptbahnhof – Verkehrszentrum und Shoppingcenter

Ein Bahnhof Sachsens brachte es mehrfach in die Schlagzeilen der internationalen Medien – der Hauptbahnhof von Dresden! Das erste Mal 1898, als er nach etwas mehr als fünf Jahren Bauzeit am 16. April in Betrieb ging. Einmalig war damals die Kombination von Insel- und Kopfbahnhof in zwei verschiedenen Ebenen. Rund 17 000 Tonnen Stahl wurden verbaut, stand in den Meldungen. Nicht unerwähnt blieb, dass an der Nordseite ein Pavillon für Könige und Staatsoberhäupter angebaut wurde. Er wurde ab 1918 zur Fahrkartenausgabe umfunktioniert, war von 1956 bis 2000 Kino und dient jetzt als ein Zugang zu den Hochbahnsteigen 17 bis 19.

1989 stand der Bahnhof erneut im Mittelpunkt der internationalen Berichterstattung. Am Abend des 4. Oktober drängten mehr als 2000 Menschen in die Kuppelhalle, um zu den Außenbahnsteigen zu gelangen. Sie hofften, während der Durchfahrt auf einen der Sonderzüge aus Prag aufspringen zu können, die ausreisewillige DDR-Bürger von dort über das Territorium der DDR in die Bundesrepublik bringen sollten. Die hatten die bundesdeutsche Botschaft in Prag besetzt, um so ihre Ausreise aus der DDR zu erzwingen. Der Bahnsteig war aber am Abend des 4. Oktober nicht erreichbar, die Polizei hatte ihn verbarrikadiert. Pflastersteine und Brandflaschen flogen, drei Polizeifahrzeuge vor dem Bahnhof fingen an zu brennen. Die Polizei setzte Wasserwerfer ein, Verhaftungen erfolgten. Der Hauptbahnhof war in den folgenden Tagen Ausgangspunkt von Demonstrationen, die friedlich verliefen und das DDR-Ende mit einläuteten. Unvergessen sind auch die Bilder aus dem Jahr 2002, als während der

Nordseite des Hauptbahnhofs

Jahrhundertflut das Erdgeschoss des Bahnhofs völlig unter Wasser stand. Im Jahr 2006 gab es wieder Meldungen über den Dresdner Hauptbahnhof, diesmal erfreuliche: Am Abend des 10. November fand unter der Kuppel der Empfangshalle die Einweihung des erneuerten Bahnhofs statt. 1945 hatte er im Bombenhagel seine gläserne Kuppel verloren. Der englische Stararchitekt Sir Norman Foster sorgte bei der Erneuerung für Ungewöhnliches, denn er ließ Gleise und Bahnsteige, insgesamt 25 000 Quadratmeter, mit weißer,

Neugestaltete Bahnhofs-Haupthalle

sich selbstreinigender Glasfasermembrane überdachen, einem hauchdünnen, weitgehend lichtdurchlässigen Gewebe, das mindestens 50 Jahre halten soll. Mit etwa 60 000 Reisenden und mehr als 500 Zughalten pro Tag ist der Bahnhof stark frequentiert. Neuerdings kommen noch mehr Besucher, wenn auch nicht unbedingt Reisende. Der Hauptbahnhof wurde zum Shoppingcenter: Unter den beiden Hochbahnsteigen entstanden Dutzende von Geschäften, die auch am Sonntag zum Einkaufen einladen. 2014 erhielt der Dresdner Hauptbahnhof die Auszeichnung »Bahnhof des Jahres«. Er sei »Denkmal einer lichten beschwingten Leichtigkeit«, heißt es in der Jury-Begründung, »ein Bahnhof zum Genießen« und weiter: »Kein anderer kombiniert Insel- und Kopfbahnhof auf zwei Etagen«.

ℹ️ Hauptbahnhof, Wiener Platz 4, 01069 Dresden;
Straßenbahn 3, 8 und Bus 66 bis Hauptbahnhof

63 Kugelhaus – ein Gebäude wie ein großer Ball

Das 2004–2005 erbaute Kugelhaus am Wiener Platz vor dem Hauptbahnhof hat einen historischen Vorgänger: Im Mai 1928 machte Dresden wieder einmal von sich Reden. Am Großen Garten öffnete das sechsgeschossige Kugelhaus, das erste Gebäude dieser Art auf der Welt. Ein Haus wie ein großer Ball! Im ersten Halbjahr nach der Eröffnung hatten bereits 3,5 Millionen Menschen das Gebäude besichtigt, das den Nutzen der Technik für das alltägliche Leben demonstrieren sollte. 24 Meter maß die Kugel im Durchmesser, die metallische Außenhaut aus Alumini-

umblech wurde nachts angestrahlt und war dadurch weithin zu sehen. Besonderes Interesse weckten die beiden kreisförmigen Öffnungen, durch die eine konnte man nach oben, durch die andere nach unten blicken. Begehrt waren die Plätze an den Fenstern im Restaurant, die einen schönen Blick ermöglichten.

Das Kugelhaus gehörte zum Städtischen Ausstellungsgelände und war ein dominierendes Gebäude. Die Nationalsozialisten diffamierten das Bauwerk als »entartete Technik« und als »undeutsch«. Wen wundert's, dass niemand es wagte, das Kugelhaus zu pachten, 1938 wurde es abgerissen. Das neue Kugelhaus am Wiener Platz fällt kaum auf, denn es ist wesentlich kleiner geraten als sein Vorgänger, zum anderen versteckt es sich regelrecht. Eine Gemeinsamkeit gibt es jedoch: Auch das neue Kugelhaus besitzt ein Restaurant.

ℹ️ Kugelhaus, Wiener Platz 10, 01067 Dresden; Straßenbahn 3, 8 und Bus 66 bis Hauptbahnhof

64 Deutsches Hygiene-Museum – der Mensch im Mittelpunkt

Als das Museum 1930 zum ersten Mal das Modell eines lebensgroßen Gläsernen Menschen zeigte, war das eine technische und wissenschaftliche Sensation. Die Besucher kamen in Scharen, um die anatomischen Menschenmodelle aus Kunststoff zu sehen. Mehr als 40 eingebaute Glühlampen ließen die Organe auf Knopfdruck aufleuchten, die Nervenbahnen und Blutgefäße bestanden aus 0,2 Millimeter dünnem Draht, rund zwölf Kilometer benötigte man dafür. Etwa 1800 Arbeitsstunden erforderte die Herstellung des Gläsernen Menschen, der sich zum Exportschlager entwickelte. International bestand großes Interesse an dem Modell, so lieferten die Dresdner 1936 eine Gläserne Frau an das Museum of Science in New York. 1988 kam sie als Schenkung an das Deutsche Historische Museum in Berlin zurück, gegenwärtig befindet sie sich als Dauerleihgabe wieder im Deutschen Hygiene-Museum, denn sie ist die weltweit einzige erhalten gebliebene Gläserne Frau aus der Produktion vor dem Zweiten Weltkrieg.

Deutsches Hygiene-Museum

Im Deutschen Hygiene-Museum dreht sich alles um den Menschen, insgesamt mehr als 1300 Exponate werden gezeigt. Die gegenwärtige Dauerausstellung gliedert sich in sieben Bereiche. Im Bereich »Leben und Sterben« geht es von der Zeugung bis zum Tod, im Bereich »Essen und Trinken« um Geschmack, die Verwertung der Nahrungsmittel durch den Körper und die Industrialisierung der Nahrungsmittelproduktion. Im Bereich »Erinnern, Denken, Lernen« erfährt man, wie unser Gehirn funktioniert und wie es all die Informationen verarbeitet, die ständig über die Sinnesorgane auf uns einstürzen. Das Kindermuseum hat mit zahlreichen interaktiven Stationen und Experimenten die Entdeckung der fünf Sinne zum Ziel. In das Gebäude im Stil der Neuen Sachlichkeit am Rand des Großen Gartens war das Museum 1930 gezogen.

Öffnungszeiten: Di–So 10–18 Uhr; Deutsches Hygiene-Museum, Lingnerplatz 1, 01069 Dresden, Tel. 0351/4 84 64 00, www.dhmd.de; Straßenbahn 1, 2, 4, 12 bis Deutsches Hygiene-Museum

Gläserne Frau im Museum

65 Georg-Arnhold-Bad – Badespaß im Kulturdenkmal

Das zentrumsnahe Bad unweit des Hygiene-Museums und des Großen Gartens erfreut sich großer Beliebtheit. Es besitzt einen Hallen- und einen Freibadbereich. Als es 1926 öffnete, gab es ein 100-Meter-Schwimmbecken, einen 10-Meter-Sprungturm und eine Besuchertribüne mit 5000 Plätzen. In der Anlage fanden bedeutende Schwimm- und Sprungwettkämpfe statt. Auch für das Schulschwimmen, das 1926 an allen Dresdner

Eingang zum Bad ...

... mit Tradition

Schulen obligatorisch geworden war, wurde das Bad genutzt. Bei der Einweihung im Mai 1926 war der Bankier Geheimrat Georg Arnhold als Ehrengast geladen, er hatte drei Viertel der Baukosten übernommen. Die einige Jahre später an die Macht gekommenen Nazis benannten die Anlage in Güntzwiesenbad um und verboten der jüdischen Familie Arnhold, wie allen jüdischen Bürgern, den Zutritt. 1948 erhielt das Bad seinen ursprünglichen Namen zurück. Zu DDR-Zeiten fehlte es an Geld und vor allem an Material, um die Freizeiteinrichtung zu sanieren. Das konnte erst nach der Einheit Deutschlands erfolgen. Die Familie Arnhold war wieder zur Stelle, die Nachfahren des Namensgebers spendeten rund zwei Millionen Euro. Bei der Wiedereröffnung des Bades 1997 war

Sicherheit geht vor

erneut ein Arnhold Ehrengast: Ein Enkel des Bankiers Georg Arnhold kam eigens aus Mexiko angereist. Und es gibt noch eine Besonderheit: Das Georg-Arnhold-Bad wurde zum Kulturdenkmal erklärt.

ℹ Georg-Arnhold-Bad, Helmut-Schön-Allee 2, 01069 Dresden, Tel. 0351/4 94 22 03, www.dresdner-baeder.de, Straßenbahn 1, 2, 4, 12 bis Deutsches Hygiene-Museum

66 Gläserne Manufaktur – VW-Produktionsstätte

Dresden-Besucher vermuten hinter der transparenten Fassade am Straßburger Platz eher ein neues Museum, keinesfalls jedoch eine Autofabrik. Volkswagen gelang mit der Gläsernen Manufaktur eine spektakuläre Symbiose von industrieller Produktion und Kultur. Die innovative Produktionsstätte für den Personenwagen der Luxusklasse, den »Phaeton«, entwickelte sich zu einer touristischen Attraktion ganz neuartigen Zuschnitts. Sie macht die Automobilfertigung erlebbar, doch gelärmt, geschweißt und gehämmert wird hier nicht. Die Autoteile werden vorgefertigt angeliefert und in den lichtdurchfluteten Räumen erfolgt die inszenierte Endmontage. Die Monteure tragen weiße Overalls und Handschuhe, die Fahrzeugteile gleiten auf einem Transportband über das Parkett. Die Besichtigung der Manufaktur erfolgt in einem geführten Rundgang in kleinen Gruppen. Volkswagen entschied sich für Dresden, weil Sachsen eine lange Tradition des Automobilbaus besitzt. 1904 hatte August Horch im sächsischen Zwickau seine Firma gegründet, 1909 begann Audi in derselben Stadt mit der Produktion. Fast ein Drittel aller deutschen Autos kam vor dem Zweiten Weltkrieg aus Sachsen. Zu DDR-Zeiten führte das Zwickauer Sachsenring-Werk die Tradition weiter, dort wurde 1957 der legendäre Kleinwagen »Trabant« aus der Taufe gehoben. Wahrzeichen der 2001 eingeweihten Gläsernen Manufaktur ist der fast 40 Meter hohe Glasturm, in dem die fertigen Autos auf ihre Abholung warten.

ℹ️ Öffnungszeiten: tgl. 8–20 Uhr nach Voranmeldung etwa 14 Tage (max. 8 Wochen) im Voraus; Lennéstraße 1, 01067 Dresden, Tel. 0351/4 20 44 11, www.glaeserne manufaktur.de; Straßenbahn 1, 2, 4, 10, 12, 14 bis Straßburger Platz

Gläserne Manufaktur von VW

67 Botanischer Garten – Pflanzen aus aller Welt

Botanischer Garten: Regenwälder Amerikas

Im Juni bietet der Botanische Garten ein seltenes Spektakel: Die »Königin der Nacht«, ein in Mexiko und auf den Karibischen Inseln wachsender Kaktus, zeigt seine Schönheit und öffnet seine Blüten – für nur eine Nacht. Die einzelnen Blüten haben eine Lebensdauer von nur wenigen Stunden; da sich aber mehrere bilden, kann das Schauspiel in einigen Nächten verfolgt werden. Mindestens fünf Jahre alt muss die Pflanze sein, bis sie Knospen ansetzt. Dass die sich öffnen werden, ist erst einen Tag vorher zu erkennen. Deshalb sind die Informationen über Sonderöffnungszeiten des Gewächshauses nur kurzfristig möglich.

Der bereits 1820 gegründete Botanische Garten genoss auf Grund seiner Pflanzendarbietungen und Forschungsergebnisse bald internationales Ansehen. Seit 1949 dient er der Forschung und Lehre der Technischen Universität Dresden. Etwa 10 000 Blumen und Pflanzen aus aller Welt

Königin der Nacht

Eingangsportal

wachsen auf dem aus Freiland und vier Gewächshäusern bestehenden Areal. Das Große Tropenhaus beispielsweise ist den Kontinenten Afrika und Asien gewidmet. Hier gedeihen Kaffeestrauch, Zuckerrohr, Ölpalme, Bananenstaude, Pfeffer, Zimt und Baumwolle. In Aquarien und einem großen Schaubecken im rechten Flügel des Hauses wuchern tropische Unterwasserpflanzen. Die Victoria-Seerose, die dem Schauhaus den Namen gab, bezieht ab Mitte Mai das zentrale Wasserbecken. Die im späten Winter ausgesäte Seerose wächst rasch heran, ihre am Rand aufgewölbten Schwimmblätter erreichen im Spätsommer oftmals einen Durchmesser von zwei Metern und können bis zu 60 Kilogramm tragen. Die Victoria-Seerose hat eines mit der »Königin der Nacht« gemeinsam, auch sie öffnet ihre Blüten nur nachts.

Öffnungszeiten: tgl. Jan.–Dez. 10–15.30, Febr., Nov. 10–16, März, Okt. 10–17, April–Sept. 8–18 Uhr, Gewächshäuser tgl. ab 10 Uhr;
Botanischer Garten, Stübelallee 2, 01307 Dresden, Tel. 0351/4 59 31 85;
Straßenbahn 1, 2, 4, 10, 12, 13 bis Straßburger Platz

68 Großer Garten – eine grüne Oase in der Stadt

Die Anlage trägt ihren Namen zu Recht – sie war und ist Dresdens größter Park. Wer im Großen Garten alle Wege ablaufen will, muss 34 Kilometer zurücklegen. Die Anlage gilt aber auch als Dresdens älteste grüne Oase. Kurfürst Johann Georg II. (1613–1680) ließ den Großen Garten ab 1678 vor den Toren der Stadt anlegen. Für die Öffentlichkeit zugänglich machte ihn ab 1814 der russische Gouverneur Fürst Repnin-

Bootsfahrt auf dem Carolasee

Klassizistisches Torhaus

Wolkonski, der auch die Brühlsche Terrasse für alle öffnete. Ursprünglich im französischen Barockstil begonnen, wurde der Park 1764 fast vollständig im englischen Landschaftsstil umgestaltet. Die Erweiterung auf die heutige Größe von rund 180 Hektar erfolgte nach 1878. Von den anfangs acht schlichten Pavillons im Park sind fünf bestehen geblieben, erhalten ist auch viel vom Statuenschmuck, darunter die Gruppen »Meleager und Atalante« sowie »Venus und Adonis« am östlichen Ende der Hauptallee. Der sehenswerte Mosaikbrunnen nahe am Beginn der Hauptallee, die schnurgerade von West nach Ost verläuft, ist eine spätere Zugabe. Er kam erst anlässlich der Internationalen Gartenbauausstellung 1926 in den Park. Wo sich Hauptallee und Herkulesallee mit der Querallee kreuzen, steht das Palais, heute Sachsens frühester Barockbau. In dem Gebäude von 1678–1683 mit dem üppigen Skulpturenschmuck hat nie jemand gewohnt, im Sommer lud der Hof hier zu Vergnügungen. Das Palais stellt eine Mischung aus deutschem Lusthaus, italienischer Villa und französischem Schloss dar. Nach der Kriegszerstörung erhielt das Gebäude äußerlich sein altes Aussehen zurück, im Inneren jedoch wartet

Palais im Großen Garten

noch viel Arbeit. Doch bereits heute wird es genutzt: Im Erdgeschoss präsentiert die Dauerausstellung »Permoser im Palais« geborgene sächsische Barockskulpturen aus sächsischen Gärten und von historischen Gebäuden. Balthasar Permoser (1651–1732), der Hofbildhauer, gehört zu den bedeutenden Künstlern des Barock.

Farbenpracht im Frühjahr

ℹ️ Öffnungszeiten: Park jederzeit zugänglich, Palais: Mi–So 14–18, Sa–So 11–18 Uhr
Großer Garten, Lennéstraße, 01069 Dresden;
Straßenbahn 10, 13 bis Großer Garten

69 Parkeisenbahn – mit Lisa und Moritz unterwegs

Wenn Lisa oder Moritz keuchend ankommen, dann klicken die Kameras. Lisa und Moritz sind Dampflokomotiven, die beide bis zu 20 Stundenkilometer beschleunigen. Was aber nicht daran liegt, dass die beiden in die Jahre gekommen sind. Denn Lisa und Moritz wurden schon 1925 gebaut. Sie rollen durch den Großen Garten, eine Parkanlage, und da darf nicht schneller gefahren werden. Einst sind beide jeden Tag die Gleise entlanggezuckelt, heute schnaufen sie nur freitags und am Wochenende – aus Kostengründen. Dieselloks sind preiswerter.

1950 als Kindereisenbahn gegründet, hieß sie später Pioniereisenbahn und seit 1990 Dresdner Parkeisenbahn. Eins ist über all die Jahre unverändert geblieben: Nur die Lokführer sind Erwachsene, alle anderen Dienste wie Fahrdienstleiter, Zugbegleiter oder Schrankenwärter versehen Kinder in ihrer Freizeit. Rund 100 Mädchen und Jungen sind es in einer Saison, die hier einen ihrer Träume verwirklichen dürfen: Eisenbahner spielen. Die Liliputbahn rattert auf einem Rundkurs von 5,6 Kilometern auf 381 Millimeter schmalen Gleisen durch den Großen Garten. Deren Hauptbahnhof befindet sich an der Gläsernen Manufaktur. Hier steigen die meisten Fahrgäste ein, da er mit öffentlichen Verkehrsmitteln gut erreichbar ist und es in der Nähe viele

Bahnhof der Dresdner Parkeisenbahn

Dampflok von 1925

Rundfahrt im offenen Wagen

Parkplätze gibt. Freitag, Samstag und Sonntag ist manchmal regelrechter Andrang, nicht nur, weil Wochenende ist, sondern weil dann Lisa und Moritz viele Eisenbahnfreaks aus Nah und Fern anlocken.

ℹ️ Fahrzeiten: Mitte April–Okt.; Parkeisenbahn, Lennéstraße 5, 01069 Dresden, Tel. 0351/4 45 67 95, www.parkeisenbahn-dresden.de; Straßenbahn 1, 2, 4, 10, 12, 13 bis Straßburger Platz.

70 Zoo – Heimat von Koalas und anderen Tieren

Dresden hat zwei neue Lieblinge: Mullava und Iraga, zwei Koalas, die wie die Affen klettern und in Zoos nur selten zu finden sind. Die niedlichen Tiere sind aber keine Affen, sondern Beuteltiere, die sich mit Vorliebe in den Wipfeln von Eukalyptusbäumen aufhalten. Zu Australien gehören sie wie die Kängurus. Außer dem Dresdner Zoo besitzt in Deutschland nur noch Duisburg Koalas. Es sind typische Faulpelze, die bis zu 20 Stunden am Tag schlafen. Aber 10.30 Uhr werden Mullava und Iraga, beides Männchen, wach: Dann gibt es Futter, frische Eukalyptusblätter. Im Tropenhaus leben noch Mantelaffen, Weißkopfsaki, Bartaffen und andere seltene Tiere. Wohl fühlen sich im Dresdner Zoo auch Jago, Layla und die anderen

Zoo-Eingang

Publikumslieblinge: Kattas

Zebramanguste

Löwen in ihrer Savannenlandschaft sowie die Pinguine in der naturnah gestaltete Anlage, in der durch große Glasscheiben ihre Schwimmkünste beobachtet werden können. Komfortabel untergebracht sind ebenfalls die Zebramangusten. Die kleinen afrikanischen Raubtiere verfügen nicht nur über Klettermöglichkeiten, sondern können auch ausgiebig im Sand scharren. Im »Zoo unter der Erde« erhält man Einblick in das meist verborgene Leben von Molchen, Königsnattern, Feuersalamandern und Höhlengrillen.

Mehr als 1500 Tiere in rund 270 Arten haben im 1861 gegründeten Dresdner Zoo ihr Zuhause, einem der ältesten in Deutschland. Besucherlieblinge sind neben den Koalas die Affen, die schwarz-weißen Mantelaffen ebenso wie die Krallenäffchen, die wie im südamerikanischen Urwald herumtollen. Die Affen sind eins der Markenzeichen des Dresdner Zoos, mit einer 1873 erworbenen Schimpansin begann die Haltung von Menschenaffen. Den Dresdnern gelang es erstmals, einen Orang-Utan-Säugling bis zum erwachsenen Tier aufzuziehen.

ℹ️ Öffnungszeiten: tgl. Sommer 8.30–18.30, Winter 8.30–16.30 Uhr; Zoo, Tiergartenstraße 1, 01219 Dresden, Tel. 0351/47 80 60, www.zoo-dresden.de; Straßenbahn 9, 13 und Bus 75 bis Zoo

Orang-Utan mit Nachwuchs

Löwen Jago und Layla

Die Gohliser Windmühle: Gaststätte und Museum

Rund um die Altstadt

Auf den touristischen Meilen um Theater- und Schlossplatz, um den Altmarkt und den Neumarkt drängen sich die Gäste, doch manche Sehens-
würdigkeit wird vergessen, weil sie außerhalb der Altstadt liegt. Beispielsweise das Buchmuseum mit Schätzen von Weltgeltung in der Südvorstadt,
die Technischen Sammlungen in Striesen und im Stadtteil Reick das in
einem ausgedienten Gasspeicher beheimatete Panometer, das das historische Dresden lebendig werden lässt. Mit öffentlichen Verkehrsmitteln sind
sie alle rasch zu erreichen.

71 Palais Brühl-Marcolini – nobles Anwesen

Zwei Dresdner Politiker haben dem Palais das Aussehen und ihren
Namen gegeben. Das liegt allerdings schon geraume Zeit zurück: 1736
erwarb Graf Heinrich von Brühl, der mächtige und reiche Premier-
minister von Kurfürst Friedrich August II., ein Schlösschen und ließ
es zur barocken Dreiflügelanlage umbauen, in die er sich gern in den
Sommermonaten zurückzog. Nach seinem Tod wussten die Erben mit
dem noblen Anwesen nichts Rechtes anzufangen und verkauften es
1774 an den Kabinettsminister des Kurfürsten Friedrich August III.,
Camillo von Marcolini (1739–1814). Der Italiener ließ das barocke Palais
klassizistisch um- und ausbauen und an der Südmauer des Lustgartens

den Neptunbrunnen mit reichem
figuralen Schmuck und einer
Breite von 40 Metern errichten.
Seit 2013 zeigt er sich wieder so
wie im Jahr 1745, als er zum ersten
Mal sprudelte. Bei Restaurierungs-
arbeiten 1874–1875 hatte man
Veränderungen vorgenommen, die
rückgängig gemacht wurden. Jetzt
hält Neptun wieder den Lorbeerkranz in seiner rechten Hand, den
er seiner Gemahlin Amphitrite
aufs Haupt setzen möchte. Den
Dreizack Neptuns trägt wieder
Zephyr, von den alten Griechen als
Frühlingsbote verehrt.

Parkanlage am Palais

Neptunbrunnen vor moderner Kulisse

Das Palais fand schon Napoleons Gefallen. Der Franzose quartierte sich im Sommer 1813 hier ein und Richard Wagner wohnte 1847–1849 im zweiten Stock des Ostflügels, denn der neue Besitzer hatte Mietwohnungen eingebaut. Später erwarb die Stadtverwaltung das barocke Palais mit der imposanten Länge von 200 Metern zur Friedrichstraße und richtete darin ein Hospital ein, das heutige Krankenhaus Friedrichstadt.

ℹ️ Betriebszeiten des Neptunbrunnens: Mo–Sa 11.30–13.30, 16–18 Uhr, So 10–12.30, 15–18 Uhr; Friedrichstraße 41, 01067 Dresden; Straßenbahn 10 und Bus 94 bis Krankenhaus Friedrichstadt

72 Alter Katholischer Friedhof – letzte Ruhestätte vieler Prominenter

Auf Sachsens ältestem katholischem Gottesacker fanden berühmte Menschen ihre letzte Ruhestätte. Mit seinen Barock-, Rokoko- und Klassizismus-Grabmalen gehört er zu den kulturhistorisch bedeutenden Friedhöfen. Begraben wurden hier Giovanni Battista Casanova (1728–1795), Bruder des bekannten Abenteurers, sowie Johann Georg von Sachsen (1869–1938), Bruder des letzten sächsischen Königs. Zu den berühmtesten Gräbern zählt das von Gerhard von Kügelgen (1772–1820), weil den Grabstein Caspar David Friedrich schuf und der ihn in seinem Gemälde »Kügelgens Grab« (1822) verewigte. Vor Kügelgen liegt Feldmarschall Johann Georg Chevalier de Saxe (1704–1774) begraben, der Sohn

Grabmal des Balthasar Permoser

August des Starken und seiner Mätresse Ursula Catharina Fürstin von Lubomirska. Das Grabmal für Carl Maria von Weber hinter der Friedhofskapelle hat Gottfried Semper geschaffen. Als 18 Jahre nach Webers Tod seine Gebeine von London nach Dresden überführt wurden, hielt Richard Wagner bei der Beisetzung die Grabrede. Balthasar Permoser (1651–1732), der berühmte Bildhauer des Barocks, fertigte seinen Grabschmuck im Alter von 80 Jahren selbst: eine große Kreuzigungsgruppe. Um das Kunstwerk aus Sandstein vor Witterungsschäden zu schützen, versetzte man es 1914 in die Friedhofskapelle, die dafür mit einen Anbau versehen wurde.

Im streng protestantisch geprägten Dresden gab es keine katholischen Friedhöfe. Der an der heutigen Friedrichstraße wurde als erster 1724 angelegt, damals noch außerhalb der Residenzstadt. Auf seine heutige Größe erweiterte man die Grabstätte 1824, doch bald war auch sie wieder zu klein geworden. Deshalb entstand 1874 der Neue Katholische Friedhof.

ℹ Alter Katholischer Friedhof,
Friedrichstraße 54, 01067 Dresden,
Tel. 0351/4963082;
Straßenbahn 10 und Bus 94
bis Krankenhaus Friedrichstadt

73 Gohliser Windmühle – Museum und Gaststätte

Mehl wird hier schon lange nicht mehr gemahlen, 1914 soll der letzte Sack aus der Mühle getragen worden sein. Heute ist das Bauwerk ein Technisches Denkmal. Viele Besucher interessiert vor allem, was es zu essen und zu trinken gibt, liegt doch die

Windmühle direkt am Elberadweg. Mancher steigt in der warmen Jahreszeit geschafft vom Rad und wünscht sich nur noch einen bequemen Sitzplatz und ein kühles Getränk. Der Biergarten ist oft gut besucht, mögen doch auch Einheimische dieses idyllische Fleckchen am Westrand der Stadt.

Die einst zur Mühle gehörenden Wohn- und Wirtschaftsgebäude bestehen nicht mehr. Weil es sich um das Überschwemmungsgebiet der Elbe handelt, dürfen sie auch nicht wieder errichtet werden. Das Erdgeschoss – heute die Gaststätte Mühlenstube – diente einst als Lagerraum, der bei Hochwasser rasch geräumt werden konnte. Die Mühlentechnik befindet sich in den drei oberen Etagen. Auch wenn sie nicht mehr vollständig erhalten ist, vermittelt sie dennoch ein anschauliches Bild von der einst schweren Arbeit des Müllers. Nicht jeder Radler aber hat Zeit und Muße für eine Museumsbesichtigung, deshalb sei ihm hier verraten: Was am Elbufer steht, bezeichnen die Fachleute als Turmholländermühle. Das von den Bauern angelieferte Getreide trug der Müller auf dem Rücken in die zweite Etage, später erleichterte ihm ein Aufzug die Arbeit. Die Mahlleistung der Mühle betrug bei gutem Wind etwa acht Zentner am Tag.

ℹ️ Öffnungszeiten: Kaffee- und Biergarten April, Mai, Sept., Okt. Di–So 10–20, Juni–Aug. tgl. 10–20 Uhr, Nov.–März Mi, Sa, So 10–18 Uhr (nur bei gutem Wetter); Gohliser Windmühle, Windmühlenweg 17, 01156 Dresden, Tel. 0351/4 54 64 67, www.gohliser-windmuehle.de; Bus 94 bis Gohlis

Die Gohliser Windmühle ...

... ein idyllisches Fleckchen

74 Zschoner Mühle – das Wasserrad klappert wieder

1991 wurde ein oberschlächtiges Wasserrad mit einem Durchmesser von sechs Metern eingebaut, dadurch bekam mancher erst mit, dass es sich bei dem Gebäude am Zschoner Bach um eine alte Wassermühle handelt. Die klapperte seit dem 15. Jahrhundert sechs Kilometer westlich vom Residenzschloss, allerdings nur bis zum Jahr 1917, danach lohnte der Mahlbetrieb nicht mehr. Doch Mühlenbesitzer Gottfried Kunze hatte sich vorausschauend bereits ein zweites Standbein geschaffen: eine Ausflugsgaststätte. Arbeiterfamilien fanden sich gern hier ein, August Bebel, einer der Vorsitzenden der Sozialdemokratischen Partei Deutschlands, sprach damals zu ihnen. Im letzten DDR-Jahrzehnt sah jedoch alles wüst aus, die Gebäude verfielen, die hölzernen Wasserräder verfaulten. Schon

Zschoner Mühle mit ...

... hölzernem Wasserrad

lange kam niemand mehr zur Zschoner Mühle. Heute ist sie wieder ein beliebtes Ausflugsziel mit historischen Gasträumen, dem Mühlenmuseum und dem Kulturhof, in den zu Puppentheater und Konzerten geladen wird. Besonders Mutige steigen in das eisige Wasser am Mühlenrad, das das Wasser des Zschoner Bachs klappernd in Bewegung setzt, um den Härtetest zu wagen.

Zschoner Mühle, Zschoner Grund 2, 01156 Dresden, Tel. 0351/4 21 02 57, www.zschoner-muehle.de; Straßenbahn 1, 12 bis Gottfried-Keller-Straße, weiter mit Bus 92 bis Ockerwitz

75 Hoher Stein – Aussichtsturm auf einem Felsbuckel

Der bereits von Weitem sichtbare Rundturm steht auf einem Felsen im Stadtteil Plauen. »Hoher Stein« nennen ihn die Einheimischen. Schmiedemeister Friedrich August Frohberg war es, der den Turm 1864 in Verehrung für König Friedrich August II. erbauen ließ. Warum er so viel Geld dafür in die Hand nahm, ist nicht überliefert. Vielleicht wollte sich

Aussichtsturm »Hoher Stein«

der Schmiedemeister ein eigenes Denkmal setzen? Denn er ließ an dem Bauwerk eine Tafel mit »Frohbergs Burg 1864« anbringen. Aber keiner dankte es Herrn Frohberg, für die Menschen waren Felsen und Turm schlicht »Hoher Stein«.

Der Felsbuckel, Rest eines Steinbruchs, hat sein Aussehen seit dem 19. Jahrhundert nicht verändert, der Turm allerdings.

1928 erhielt er ein Stahlbetondach und das für ihn unverwechselbare Lochmauerwerk wurde verschlossen. In der DDR-Zeit litt das vernachlässigte Bauwerk so sehr, dass es 1996 wegen Einsturzgefahr geschlossen werden musste. Die Anlagen ringsherum waren schon lange verwildert. Doch viele Bürger wollten den Turm behalten und protestierten gegen die Schließung – mit Erfolg. 2004 begann die historisch getreue Sanierung. Bei der Wiedereröffnung war das typische Lochmauerwerk wieder vorhanden und das Umfeld landschaftsgärtnerisch fein gestaltet. Felsen und Turm sind heute denkmalgeschützt und beide wieder ein beliebtes Ausflugsziel im Plauenschen Grund.

ℹ Öffnungszeiten: Mo–Mi, Fr 10.30–18 Uhr, Sa–So 10.30–20 Uhr; bei der Coschützer Straße, 01187 Dresden; Bus 63 bis Coschützer Straße

76 Fichteturm – zum Gedenken an einen berühmten Sachsen

Der 30 Meter hohe, zinnenbekrönte Rundturm entstand 1896 im damaligen Westendpark als Bismarckturm. Ein Blick in die Chronik: Der Turm gilt als der älteste in Sachsen, der Fürst Otto von Bismarck gewidmet ist. Ab 1942 wurde er für die Öffentlichkeit gesperrt und als Flugbeobachtungsposten genutzt, von hier warnte eine Sirene vor Bombenangriffen. 1954 verschwand der Name Bismarck, sein Relief am Turm wurde beseitigt. Fichteturm hieß das Bauwerk fortan. 1962, anlässlich des 200. Geburtstages von Johann Gottlieb Fichte (1762–1814), erhielt der Turm oberhalb der Eingangstür ein Fichte-Medaillon und am Turmsockel eine Gedenktafel mit den Lebensdaten des im sächsischen Rammenau geborenen Philosophen und Erziehers. Die Chronik verzeichnet auch, dass der Turm in den Jahren 1976, 1980 und von 1987 bis 1990 für

Besucher geschlossen blieb. Nach mehreren Sanierungen, die letzte erfolgte 2008, kann er wieder das ganze Jahr über betreten werden. Wer die 153 Granitstufen nach oben gestiegen ist, wird für die Mühe mit einem herrlichen Blick über Dresden bis in die Sächsische Schweiz belohnt. Der Fichteturm überragt, bezogen auf die absolute Höhe über dem Meeresspiegel, alle Türme der Dresdner Innenstadt um etliche Meter.

ℹ️ Öffnungszeiten: April–Sept. Di–So 10–18 Uhr, Okt.–März 10–16 Uhr; Am Fichtepark, 01187 Dresden; Straßenbahn 3 bis Kotteweg

77 Eisenbahnmuseum – Dampfrösser im Ruhestand

Die Schnellzuglokomotive mit der Nummer 19017 wurde in der Sächsischen Maschinenfabrik Hartmann in Chemnitz gebaut, zusammen mit weiteren 22 Exemplaren. Vornehmlich auf der Strecke Görlitz–Hof dampften die Kolosse durch die Landschaft. Mit einer Höchstgeschwindigkeit von 130 Stundenkilometer rasten die Züge durch die Landschaft, 2240 PS Leistung hatten die Loks unter ihrer Verkleidung. »Sachsenstolz« wurden diese Schnellzuglokomotiven genannt, die seinerzeit als

Drehscheibe vor dem Ringlokschuppen

Schnellzuglokomotiven

die leistungsfähigsten auf dem europäischen Festland galten. Ihre Heimat war das Bahnbetriebswerk Dresden-Altstadt. Seine größte Ausdehnung hatte es 1926 erreicht, als es von der Nossener Brücke bis zur Würzburger Straße reichte. Legendäre Schnellzugloks der Baureihen 01, 03, 18 und 19 waren hier zu Hause, aber auch der stromlinienförmige Henschel-Wegmann-Zug, der die Strecke Berlin–Dresden in den 1930er-Jahren in einer Stunde und 40 Minuten zurücklegte – wovon heutige Reisende nicht einmal zu träumen wagen. In den Ringlokschuppen des Bahnbetriebswerkes Dresden-Altstadt waren teilweise bis zu 120 Dampflokmotiven untergebracht. In den letzten Wochen des Zweiten Weltkrieges gab es schwere Zerstörungen, keine der Lokomotiven überstand die Bombenangriffe unversehrt. Nach der deutschen Einheit verschmähte die Deutsche Bahn diesen Standort, doch Eisenbahnfans setzen sich für den Erhalt der historischen Anlagen ein. Am 18. Mai 2002 eröffnete in den wenigen original erhaltenen Bauwerken das Eisenbahnmuseum. Betreut werden Trieb- und Arbeitswagen, zwei Schienendrehkräne, fünf Diesel- und mehr als zehn Dampflokmotiven, darunter die 19017. Am 22. September 1922 absolvierte die Lok ihre Probefahrt von Chemnitz nach Dresden, nach dem Zweiten Weltkrieg kam sie unter anderem in den Regionen Chemnitz und Zwickau zum Einsatz. 1968 wurde die letzte Lokomotive dieser Baureihe ausgemustert, als einzige überstand die 19017 die Verschrottung. Nach museumsgerechter Aufarbeitung 1973 bleibt diese Schnellzuglokomotive als Beispiel sächsischer Ingenieurskunst der Nachwelt erhalten.

ℹ️ Öffnungszeiten: Mitte Mai–Mitte Okt. einen Sa im Monat 10–18 Uhr, Termine im Internet, Zwickauer Straße 86, 01187 Dresden, Tel. 0162/7 83 86 03, www.igbwdresden-altstadt.de; Straßenbahn 3, 8 bis Nürnberger Platz, Bus 61 bis Zwickauer Straße, Bus 62 bis Chemnitzer Straße.

78 Russisch-Orthodoxe Kirche – sechs Zwiebeltürme

Für die Dresdner gehört das Kirchlein mit den blauen Zwiebeltürmen zum gewohnten Stadtbild, doch Gäste schauen verwundert, ihnen begegnet unerwartet ein Stück Russland in der Elbestadt.

Die am sächsischen Königshof akkreditierte russische Gesandtschaft wünschte das Gotteshaus für die vielen Russen, die in Dresden lebten, arbeiteten, studierten. Deshalb entstand zwischen 1872 und 1874 die Russisch-Orthodoxe Kirche. Den größten Teil der Bausumme spendete der Russische Staatsrat Simeon Wikulin, aber unter der Bedingung: »Das Geld fließt nur, wenn die Kirche nach meinem Namenspatron, dem ›Heiligen Simeon vom wunderbaren Berge‹, benannt wird.« Erbaut hat die Kirche im altrussischen Stil Harald Julius von Bosse, ein russischer Staatsrat deutscher Herkunft, sowie der Dresdner Karl Weißbach. Selbst Zar Alexander II. griff zur Finanzierung in seine Schatulle. Als er im Juni 1875 Dresden besuchte, nahm er an einem Gottesdienst in der Kirche teil. Vielleicht auch, um zu schauen, was man mit seinen Rubeln gemacht hatte. Der berühmte Komponist Sergej Rachmaninow, der einige Zeit in Dresden lebte, spendete Geld für die noch heute funktionierende Gasheizung. Im Ersten Weltkrieg, nachdem Russland in den Krieg gegen Deutschland eingetreten war, musste die Kirche schließen und durfte erst 1921 wieder öffnen.

Über die breite Freitreppe und das Hauptportal tritt man in das Innere. Traditionell fehlt Kirchengestühl, da in Russisch-Orthodoxen Kirchen alle stehend am Gottes-

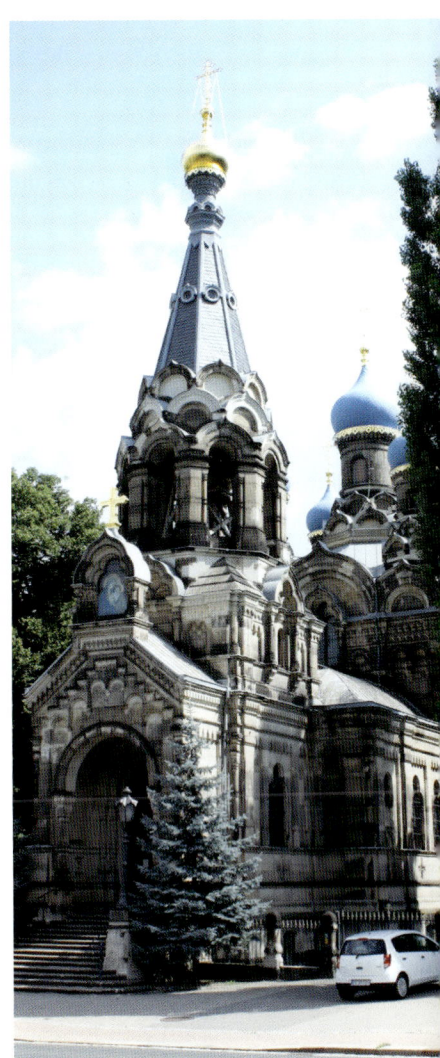

Ein Stück Russland in Dresden

dienst teilnehmen, ältere Gemeindemitglieder ausgenommen. Auch der Zar und seine Begleitung hielten sich bei ihrem Dresden-Besuch daran. Den Hauptraum trennt eine raumhohe, zehn Meter breite Ikonenwand aus weißem Marmor vom Altarbereich, der nur den Priestern zugänglich ist. Die Ikonen stammen von dem seinerzeit in Dresden lebenden holländischen Historienmaler James Marshall, der in der Semperoper die Deckengemälde schuf. Vor den Hauptikonen stehen bronzene Kandelaber, in denen die Gläubigen Kerzen entzünden. Mehr als tausend Russen gehören gegenwärtig der Gemeinde in Dresden an.

ℹ️ Öffnungszeiten: Mo 12–17 Uhr, Di–So 10–17Uhr; Fritz-Löffler-Straße 19, 01069 Dresden, Tel. 0351/4 71 94 14, www.orthodox-dresden.de; Straßenbahn 3 bis Kotteweg, Bus 63 bis Saarstraße

79 Buchmuseum – einmalige Schätze

Kostbarkeiten aus mehr als einem Jahrtausend Buchgeschichte bewahrt die Sächsische Landesbibliothek – Staats- und Universitätsbibliothek auf. Viele Stücke sind so wertvoll, dass sie sich – und das bereits seit 1835 – in einer besonderen Schatzkammer befinden, um sie vor schädlichen Umwelteinflüssen zu schützen. Dazu gehört die Maya-Handschrift aus der nachklassischen Zeit der Mayakultur (13. Jahrhundert), das umfangreichste der drei weltweit existierenden Exemplare, bekannt geworden als »Codex Dresden«. Auf übertünchten Feigenbaumblättern sind Bilder von Göttern, Zahlzeichen und Hieroglyphen zu sehen. In der Schatzkammer verwahrt werden ferner die Gutenberg-Bibel, die zwischen 1452 und 1454 in Mainz entstanden ist, der erste Dreifarbdruck der Welt von 1457, als Mainzer Psalter bekannt und ein 228 Blatt starkes Skizzen-

Sächsische Landesbibliothek – Staats- und Universitätsbibliothek

Sachsenspiegel ...

... und Maya-Handschrift

buch von Albrecht Dürer in einem goldverzierten Kalbsledereinband. Auf dem ersten Blatt steht von Dürer handschriftlich und mit einem gewissen Stolz vermerkt: »1523. Zw nornberg. Das ist Albrecht dürers erstes püchle das Er selbs gemacht hat. / Das puch hab gebessert vnd jm 1528 jnn trügk gericht / Albrecht dürer«. Das Buch wurde im Jahr 1768 zusammen mit 783 weiteren Handschriften aus der umfangreichen Büchersammlung des Grafen von Brühl für die Kurfürstliche Bibliothek in Dresden erworben. Im Besitz der Bibliothek befindet sich auch eine reich illustrierte Handschrift des Sachsenspiegels von Eike von Repgow. Das aus 92 Blättern bestehende Werk entstand zwischen 1295 und 1363 im Raum Meißen. Von seinen Schätzen kann das Museum nur einen Teil in der Dauerausstellung zeigen, anderes wird in Sonderausstellungen präsentiert. Die Auswahl dafür ist groß: Mehr als 800 Wiegendrucke aus dem 15. Jahrhundert, etwa 950 orientalische und asiatische Handschriften und in der ältesten und umfangreichsten Kartensammlung Deutschlands befinden sich über 126 000 Karten und Einzelblätter. Die Bibliothek selbst verfügt mit mehr als sieben Millionen Medien über den viertgrößten Buchbestand in Deutschland, dazu kommen fast 1,7 Millionen Motive der Deutschen Fotothek.

ℹ️ Öffnungszeiten Museum: tgl. 10–18 Uhr; Die Sächsische Landesbibliothek – Staats- und Universitätsbibliothek Dresden, Zellescher Weg 18, 01069 Dresden, www.slub-dresden.de; Bus 61 bis Staats- und Universitätsbibliothek

80 Bismarckturm – dem »Eisernen Kanzler« gewidmet

173 Bismarcktürme und -säulen soll es heutzutage noch geben, einer von ihnen steht auf der Räcknitzhöhe im Südosten von Dresden. Mit 23 Metern Höhe ist es der vierthöchste Turm zu Ehren des »Eisernen Kanzlers«. Er wurde 1904–1906 nach dem Entwurf »Götterdämmerung« des Architekten Wilhelm Kreis errichtet, von dem auch das Hygienemuseum stammt. Der Turm entstand als Feuersäule ohne Aussichtsfunktion, wie

Bismarckturm

noch weitere 46 in Deutschland. Er erhielt als Abschluss eine Feuerschale aus Schmiedeeisen, in der man Holz anzündete, das eine Flammhöhe von rund vier Metern erreichte.

Ende des 19., Anfang des 20. Jahrhunderts erfolgte eine wahre Glorifizierung von Bismarck. Der langjährige Reichskanzler Otto Fürst von Bismarck (1815–1898), der Deutschland mit »Blut und Eisen« schuf, war bereits zu Lebzeiten zum Mythos geworden. Zu seinem 80. Geburtstag 1895 bekam er 378 Ehrenbürgerschaften verliehen, fast 1000 Bismarck-Denkmäler, Bismarck-Türme, Bismarck-Brunnen und Bismarck-Steine entstanden, es gab (und gibt) den Bismarck-Hering und vieles mehr. Nach dem Tod des Fürsten nahm die Verehrung vielfach religiösen Kult an.

Die Nazis schändeten den Räcknitzer Bismarckturm, indem sie am 10. Mai 1933 vor ihm Bücher verbrannten. 1946 verschwand der Name Bismarck, das Bauwerk aus Sandstein hieß fortan Friedensturm beziehungsweise Friedenssäule. Um den Turm bemüht sich seit der Einheit Deutschlands ein Verein, der ihm als erstes seinen alten Namen zurückgegeben hat. Am 30. August 2008 konnte der sanierte Bismarckturm mit einem kleinen Fest wieder eingeweiht werden, diesmal brannte oben kein Feuer, denn der Turm erhielt eine andere Nutzung. Er ist zum Aussichtsturm geworden. 158 Stufen führen im Inneren auf die Aussichtsplattform, von der bei klarem Wetter bis in die Sächsische Schweiz und zu den Höhen des Osterzgebirges geschaut werden kann.

ℹ Moreauweg 1, 01217 Dresden, www.bismarckturm-dresden.de; Bus 85 bis Räcknitz Höhe

81 Trinitatisfriedhof – kulturhistorisch bedeutend

Der Friedhof gehört zu den geschichtlich und kulturhistorisch bedeutenden in Sachsen. Angelegt wurde er 1815, bereits 1834 erfolgte die erste Erweiterung. Zu diesem Anlass erhielt er auch endlich einen Namen: Trinitatisfriedhof. Zu den Dresdnern, die Rang und Namen hatten und hier ihre letzte Ruhestätte fanden, zählen die berühmte Sängerin Wilhelmine

Künstlerisch gestaltete Grabanlagen

Schröder-Devrient (1804–1860) und der Architekt und Professor an der Kunstakademie Constantin Lipsius (1832–1894). Auch der Arzt und Maler Carl Gustav Carus (1789–1869) wurde hier bestattet, sein Grab zerstörten 1945 Bomben. Aus den erhaltenen Fragmenten wurde eine neue Grabstelle mit einem Bronzerelief von Ernst Rietschel geschaffen. Die Inschrift unter dem Relief befand sich einst an Carus' Wohnhaus, das 1945 ebenfalls zerstört wurde. Ein ähnliches Schicksal erlitt auch das Grab des Bildhauers Ernst Rietschel (1804–1861). Sein heutiges Aussehen bekam es 1949 mit dem Bildnismedaillon des Rietschel-Schülers Adolf Donndorf, das aus den Trümmern geborgen werden konnte. Berühmt gemacht hat den Friedhof Caspar David Friedrich, nicht nur, weil er für mehrere Grabstellen die Entwürfe lieferte, sondern auch, weil ihn die Toranlage für sein Bild »Friedhofseingang« inspirierte. Die Galerie Neue Meister in Dresden hat es in ihrem Besitz. Gedacht wird auf dem Trinitatisfriedhof auch der 76 Dresdner, die während des Maiaufstandes im Jahr 1849 ums Leben kamen, weil sie bürgerliche Grundrechte erstreiten wollten. Ein zehn Meter hoher Obelisk erinnert an sie.

i Trinitatisfriedhof, Fiedlerstraße 1, 01307 Dresden; Straßenbahn 6 bis Trinitatisplatz

Grab von Carl Gustav Carus ...

... und von Caspar David Friedrich

82 Panometer – 107 Meter langes Rundbild

Ein alter, ausgedienter Gasspeicher begeistert mit einem opulenten 360-Grad-Rundbild. Das 23 Meter hohe, zylinderförmige Industriedenkmal im Stadtteil Reick hat somit eine neue, moderne Verwendung gefunden. 1973 war die Gaserzeugung eingestellt worden, demzufolge benötigte man keine Gasbehälter mehr. Ein Jahr später wurde der erste der drei Rundbauten abgetragen. Die beiden anderen blieben leer stehen – der 1909 von Hans Erlwein errichtete riesige Bau und der von Theodor Friedrich 1887–1891 erbaute kleinere daneben. Der firmiert heute als Panometer – eine Wortschöpfung aus Panorama und Gasometer. Die neue Verwendung ist dem 1955 in Wien geborenen Yadegar Asisi, Sohn persischer Eltern, zu danken, dessen Verbindung zu Dresden aus seiner Studienzeit in der Elbestadt herrührt. In das runde Bauwerk setzte er das monumentale Panorama »Dresden – Mythos der barocken Residenzstadt«. Asisi ließ sich von den Bildern Canalettos inspirieren, nur dass er wesentlich mehr Details aus dem Leben in den Jahren zwischen 1695 und 1760 zeigt. Er verdichtete viele Ereignisse aus mehr als sechs Jahrzehnten auf das 107 Meter lange und 27 Meter hohe Bild. Der Stoff, auf dem alles festgehalten ist, wiegt rund 750 Kilogramm. Die künstlerische Momentaufnahme gibt Einblick in das Leben am sächsischen Hof, aber auch in das Alltagsgeschehen der Bürger, Fischer und Handwerker. Die Besucher stehen auf einer 15 Meter hohen Plattform, doch sie meinen, alles vom Turm der Katholischen Hofkirche aus zu sehen: die Holztreidler und Waschfrauen an der Elbe, aber auch bekannte Menschen der damaligen Zeit, darunter Johann Sebastian Bach und Zar Peter I., Hofnarr Joseph Fröhlich, Goldschmied Johann Melchior

Eindrucksvolles Dresden-Panorama

Dinglinger und Porzellanentdecker Johann Friedrich Böttger. Die Ankunft der Sixtinischen Madonna im Jahr 1754 hat Asisi ebenfalls festgehalten. Und wenn die Lichter langsam verlöschen und es Nacht wird über Dresden, dann erleben die Besucher ein Feuerwerk über dem Japanischen Palais.

Einst Gasspeicher – heute Panometer

Öffnungszeiten: Di–Fr 10–17, Sa, So 10–18 Uhr; Asisi Panometer Dresden, Gasanstaltstraße 8b, 01237 Dresden, Tel. 0351/8 60 39 40, www.asisi.de; S-Bahn Linie S 1 und S 12 bis Dresden Reick, Bus 74 bis Nätherstraße

83 Museum Technische Sammlungen – vieles »Made in Dresden«

In einem der traditionsreichsten Industriebauten Dresdens sind Schreibmaschinen, Kameras und weitere technische Geräte zu sehen. Die Technischen Sammlungen bewahren als »Museum für Informations- und Medientechnik, Fotografie und sächsische Industriegeschichte« vieles für die Nachwelt, nicht weniges davon »Made in Dresden«. 1923 entstand in der Elbestadt die erste 35 Millimeter Filmkamera »Kinamo« und 1932 die Contax, die rasch zur besten Kleinbildkamera der Welt avancierte. Aus Dresden kam auch die Exakta Varex, die aus der Kine Exakta hervorging, der ersten in Serie produzierten, einäugigen Kleinbild-Spiegelreflexkamera. Sie bestand aus 448 Einzelteilen und 10 Hauptbaugruppen. Um alles zusammenzufügen, waren 4600 Arbeitsgänge erforderlich. Die sächsische Landeshauptstadt entwickelte sich zum weltweit führenden Zentrum der Foto- und Kinotechnik, vieles davon wurde in dem architektonisch interessanten Ernemann-Neubau gefertigt, der als Symbol für die Entwicklung

Turmhaus des Museums

Dresdner Erzeugnisse ...

... im Museum

und Produktion des Dresdner fotografischen Gerätebaus gilt und dem Museum ein geschichtsträchtiges Domizil bietet.

Der Kaufmann Heinrich Ernemann hatte das Grundstück an der heutigen Junghansstraße im Jahr 1897 erworben, um seine bis dahin über das gesamte Stadtgebiet verteilten Kamera-Werkstätten zusammenzufassen. Als Nachfolger der Ernemann-Werke waren in dem Komplex die Zeiss Ikon AG, dann der VEB Pentacon Dresden ansässig. Das fünfgeschossige, 48 Meter hohe Turmhaus des Fabriktrakts war zu DDR-Zeiten im Warenzeichen der Pentacon-Werke zu sehen. In ihm entstanden auch die Ausstellung »Erlebnisland Mathematik«, in der 100 Experimente zum Mitmachen und Erleben einladen, sowie die Ausstellung »Feuer«, eine der größten und ältesten deutschen Sammlungen zur Technik- und Kulturgeschichte des Brandschutzes.

ℹ️ Öffnungszeiten: Di–Fr 9–17, Sa–So 10–18 Uhr; Museum Technische Sammlungen, Junghansstraße 1-3, 01277 Dresden, Tel. 0351/4 88 72 01, www.tsd.de; Straßenbahn 4, 10 und Bus 61 bis Pohlandplatz

Dresdner Erfindungen

Bis 1892 kleckerte das überschäumende Bier auf den Tisch. Um das zu verhindern, stellte der Dresdner Robert Sputh »einen saugfähigen Holzfilz-Bierglasuntersetzer« her und ließ ihn patentieren. Frau Christine Hardt aus Dresden meldete am 5. September 1899 ein »Leibchen, das die Brust in Form hält« beim Kaiserlichen Patentamt an. Der BH war erfunden. Die Filtertüte verdanken wir der Dresdner Hausfrau Melitta Bentz. Sie wurde 1908 patentiert. Gemeinsam mit ihrem Ehemann Hugo Bentz gründete sie zur Herstellung von Filtertüten die Firma Melitta Bentz, die später von Dresden nach Minden/Westfalen zog. Auch der erste Teebeutel kam aus Dresden. Rudolf Anders und Eugen Nissle lieferten im Ersten Weltkrieg »Teebomben« an deutsche Soldaten, die als Vorläufer des Teebeutels gelten. 1929 brachten sie die ersten Teekanne-Aufgussbeutel auf den Markt.

84 Schillergarten – beliebtes Restaurant an der Elbe

Der Schillergarten gehört zu den ältesten Gastwirtschaften von Blasewitz, bereits 1730 wird eine an dieser Stelle erwähnt. Heute ist der Schillergarten eines der beliebtesten Restaurants in Dresden. Doch die wenigsten dürften kommen, weil vor rund 250 Jahren Deutschlands großer Dichter hier sein Bier trank. Damals stand noch der Name »Fleischersche Schenke« am Eingang. Die Beliebtheit dürfte wohl aus der besonderen Lage resultieren: direkt an der Elbe und dem Elberadweg mit Blick zum »Blauen Wunder«. Aber die Lage allein dürfte nicht reichen, um Gäste anzuziehen. Dazu gehören auch die Qualität der Speisen, die aus der hauseigenen Konditorei kommenden Torten und Kuchen sowie der Service. Im Biergarten finden bis zu 1000 Gäste Platz.

Die Chronik des Schillergartens verzeichnet auch zwei schwarzumrandete Daten: Das Jahr 1985, als der Schillergarten zu DDR-Zeiten wegen

Restaurant Schillergarten

Biergarten an der Elbe

baulichen Verfalls schließen musste, und 2002, als das Jahrhunderthochwasser der Elbe gravierende Zerstörungen anrichtete. Mehr als zwei Jahre dauerte der Wiederaufbau. Golden eingefasst dagegen leuchtet das Jahr 1859 in der Chronik: Ernst Litfaß, der Erfinder der gleichnamigen Anschlagsäule, stiftete eine Büste von Friedrich Schiller, die ein wenig versteckt im Biergarten steht. Zum selben Zeitpunkt bekam das Restaurant den Namen des Dichters, den es bis heute trägt.

ℹ️ Schillergarten, Schillerplatz 9, 01309 Dresden, Tel. 0351/81 19 90, www.schillergarten.de; Straßenbahn 6, 12 bis Schillerplatz

Gustel von Blasewitz

»Was? Der Blitz! Das ist ja die Gustel aus Blasewitz«, lässt Friedrich Schiller einen Jäger in seinem Stück »Wallensteins Lager« rufen. Gemeint ist damit die Schankwirtstochter Johanne Justine Renner (1763–1856), die Schiller während seiner Dresdner Zeit kennen lernte, als sie noch Segedin hieß. Doch mehr als nur Freundschaft scheint es nicht gewesen zu sein, das die beiden verband. Denn noch während Schillers Aufenthalt in Dresden heiratete sie ihren Verlobten, den späteren Senator  Renner. Gustel aber konnte den Dichter offensichtlich nicht vergessen. Überlieferungen berichten, sie habe eine von Schiller getrocknete Feldblume und eine Briefunterschrift »Dein Fried. S.« aufbewahrt. Fachleute schlussfolgern daraus eine gewisse Nähe der beiden, denn zu jener Zeit sei »Euer Fried. S.« üblich gewesen. An Gustel von Blasewitz erinnern in Dresden die Justinenstraße, ein Kirchenfenster der Blasewitzer Kirche, ihr Grab auf dem Eliasfriedhof und die steinerne Figur der Gustel von Martin Engelke am Blasewitzer Rathaus.

ℹ️ Naumannstraße 5, 01309 Dresden; Straßenbahn 6, 12 bis Schillerplatz

85 Loschwitzer Brücke – das »Blaue Wunder«

Der offizielle Name der Elbbrücke lautet Loschwitzer Brücke. Sie verbindet die Stadtteile Blasewitz und Loschwitz miteinander. Doch in Dresden und weit darüber hinaus ist das Bauwerk nur als »Blaues Wunder« bekannt. Der blaue Schutzanstrich, der vor Rost schützen soll, brachte der Konstruktion den Namen ein. Fünfzig Tonnen Farbe sollen es jeweils sein, die verstrichen werden. Mit einer Länge von 141,50 Metern zwischen den beiden Uferpfeilern überspannt die eiserne Hängebrücke seit 1893 die Elbe. Sie war eine der ersten strompfeilerfreien Brücken Europas, seinerzeit eine technische Meisterleistung. Doch so richtig glaubten die Verantwortlichen nicht, was ihnen die Ingenieure Claus Köpcke und Hans Manfred Krüger versicherten. Sie ordneten eine Belastungsprobe an: Drei Dampfwalzen, drei mit Steinen beladene Straßenbahnloren, sechs vierspännige Pferdewagen, ein vollbesetzter Straßenbahnwagen, fünf Pferde, ein beladener Materialwagen, eine Kompanie des Dresdner Jägerbataillons und 150 Freiwillige wurden auf der Brücke versammelt. Sie hielt der Belastung stand. Ob das heute immer noch so ist, wird regelmäßig kontrolliert. Alle drei Jahre erfolgt eine normale Brückenprüfung, alle sechs Jahre ist eine Hauptuntersuchung fällig. Bei der werden rund 240 000 Nieten begutachtet, ferner Stahlträger und Verbindungsplatten, insgesamt rund 3500 Tonnen Stahl. Das jüngste Ergebnis: Bis wenigstens zum Jahr 2027 hält die Brücke den gegenwärtigen Belastungen stand. Die wurden allerdings schon eingeschränkt, die Straßenbahnen wurden verbannt und schwere Lkw dürfen sie auch nicht mehr passieren.

Schillerplatz, 01309 Dresden, www.dresden.de;
Straßenbahn 10, 12 bis Schillerplatz

Schaufelraddampfer »Stadt Wehlen« am »Blauen Wunder«

»Regenwasserspiel« in der Kunsthofpassage

Neustadt

Im Jahr 1549 kam das rechtselbische Altendresden zur Residenz und wurde in das Festungssystem integriert. Die heutige Innere Neustadt hat sich als Barockstadt weithin einen Namen gemacht. Ihr schließt sich die Äußere Neustadt an, die ehemalige Antonstadt, die außerhalb der Festungsmauern lag. Beide Stadtteile bilden touristisch die Neustadt mit dem Japanischen Palais, dem vergoldeten Reiterstandbild August des Starken, der Dreikönigskirche, dem schönsten Milchladen der Welt und Dresdens buntem Szeneareal.

▪▪▪▪▪▪▪▪▪▪▪▪▪▪▪▪▪▪▪▪▪▪▪▪▪▪▪▪▪▪▪▪▪

86 Japanisches Palais – mehrere Museen unter einem Dach

Ein Porzellanschloss plante August der Starke, die Herrscher der anderen Länder sollten neidvoll auf Dresden schauen. Denn ein Schloss voller Porzellan, das gab es bislang nirgendwo. Porzellane sollten nicht nur die Räume füllen, vorgesehen war sogar eine völlig mit Porzellan ausgekleidete Schlosskapelle. Ein am rechten Elbufer stehendes Palais schien dem Kurfürsten dafür am besten geeignet, er ließ es zu einer prachtvollen Vierflügelanlage im spätbarock-klassizistischen Stil umbauen. Viel Platz brauchte er, um seine kostbare Sammlung chinesischer, japanischer und Meissener Porzellane prunkvoll darbieten zu können. Auch von außen sollte das Bauwerk standesgemäß erscheinen, und so ließ er den rechteckigen Innenhof mit 24 Chinesenthermen aus Sandstein schmücken so-

Wasserspiele vor dem Japanischen Palais

Asiatische Säulenskulptur

Damaskus-Zimmer

wie das Treppenhaus des Stadtflügels an den Aufgängen mit riesigen asiatischen Atlanten versehen. Das ist »ein Höhepunkt der Bildhauerkunst des Rokoko«, sagen Fachleute heute dazu. Doch die Wünsche des Regenten waren größer als seine finanziellen Möglichkeiten. Anstatt als Porzellanschloss wurde das sandsteinverkleidete Japanische Palais als Speicher genutzt, dann zog die Königliche, später die Sächsische Landesbibliothek ein. Heute befinden sich in dem Haus die Senckenberg Naturhistorischen Sammlungen Dresden mit dem Museum für Mineralogie und Geologie und dem Museum für Tierkunde. Beide geben in Sonderausstellungen Einblick in ihre Arbeit. Das Museum für Völkerkunde präsentiert den ersten Teil der Dauerausstellung: »Das Dresdner Damaskus-Zimmer und Wohntextilien aus dem Orient«. Die hölzerne Wand- und Deckentäfelung eines Empfangsraumes aus einem vornehmen Damaszener Wohnhaus entstand vermutlich um 1810. Nach Deutschland kam das Kunstwerk 1899. Porzellan wird in dem Palais nirgendwo gezeigt. Vom Traum August des Starken blieb lediglich das figurale Giebelrelief (1733) über der Eingangshalle übrig. Es zeigt Asiaten und Europäer, die der thronenden »Saxonia« Porzellangefäße überreichen.

ℹ️ Öffnungszeiten: Di–So 10–18 Uhr; Museum für Völkerkunde, Palaisplatz 11, 01097 Dresden, Tel. 0351/49 14 20 00, www.voelkerkunde-dresden.de; Straßenbahn 4, 9 bis Palaisplatz

87 Barockhaus – 300 Jahre alte Prachtarchitektur

Nur ein Haus hat in dieser Gegend das Bombeninferno im Februar 1945 unversehrt überstanden: Große Meißner Straße 15. An ihm lässt sich heute ablesen, welche Prachtarchitektur bis zum Ende des Zweiten Weltkrieges diese Straße prägte. 1632 tauchte das Doppelhaus erstmals in den Annalen auf, sein bis heute erhaltenes Erscheinungsbild mit den beiden Gartenhof-Flügeln und der Barockfassade erhielt es zwischen 1723 und 1727. Einige Jahre später kaufte der Dresdner Hof das Haus und richtete darin die Königliche Kanzlei ein. Daran erinnert das kursächsische Wappen über dem Eingang. Als 1983 ein japanisches Unternehmen mit dem Bau des DDR-Interhotels Bellevue begann, heute The Westin Bellevue Hotel Dresden, wurde das Barockhaus mit seiner reichverzierten Fassade geschickt in den Hotelneubau einbezogen. Unterhalb des Barockhauses befindet sich der sogenannte Canaletto-Blick. Hier malte Hofmaler Bernardo Bellotto, genannt Canaletto, 1748 am Ufer der Elbe die berühmteste seiner Stadtansichten. Zu sehen ist die 1,33 Meter mal 2,35 Meter große Vedute in der Gemäldegalerie Alte Meister. Canaletto genoss hohes Ansehen am Hof. Belege dafür waren eine goldene Tabakdose als Geschenk des Kurfürsten und die Übernahme der Patenschaft seiner vier in Dresden geborenen Töchter durch Mitglieder der Kurfürstenfamilie und des Grafen Brühl.

Elbseite des Barockhauses

Glockenspielpavillon

Eingang zum Barockhaus

Unweit des Ortes, der den Canaletto-Blick bietet, entstand 1936 der Milch-Pavillon mit einem Glockenspiel. Milch wird hier schon lange nicht mehr verkauft, aber die Glockenspiel-Melodien erklingen seit einiger Zeit wieder über der Elbpromenade.

ℹ The Westin Bellevue Hotel Dresden, Große Meißner Straße 15, 01097 Dresden, www.westin-dresden.de; Straßenbahn 4, 9 bis Palaisplatz

88 Drei-Grazien-Brunnen – schöne Damen am Beckenrand

Drei überlebensgroße Frauenfiguren aus Bronze machen es sich um ein Sandsteinbecken bequem. Es ist die Brunnenanlage »Drei Grazien«, die seit 1985 in der Gartenanlage des Hotels Bellevue am Elbufer steht. Geschaffen hat das Kunstwerk mit dem 5,70 Meter großen Brunnenbecken im Durchmesser der Dresdner Bildhauer Vinzenz Wanitschke. Von ihm stammen auch das Planetendenkmal auf der Brühlschen Terrasse und der Sarrasani-Brunnen. Die drei Damen, die Wanitschke wählte, sind nicht irgendwelche. Es sind Berühmtheiten der griechischen Mythologie, Töchter des Göttervaters Zeus: Thalia, die Festfreude, Euphrosyne, der Frohsinn, und Aglaia, die Glänzende. Jede von ihnen wurde an eine andere Seite gesetzt. Wer aber ist nun Thalia, wer Euphrosyne

Thalia, Euphrosyne oder Aglaia?

Drei-Grazien-Brunnen

und wer Aglaia? Das weiß nur Bildhauer Wanitschke, denn Bildvorlagen der drei Damen gibt es nicht, der Künstler konnte seiner Phantasie freien Lauf lassen. Wird der Brunnen so oft fotografiert, weil er besonders schön aussieht? Oder vielleicht deshalb, weil man zu Hause in aller Ruhe rätseln möchte, welche Bronzefigur wen darstellen soll?

ℹ 01097 Dresden; Straßenbahn 4, 9 bis Palaisplatz

89 Neustädter Wache – ehemaliges Zollhaus

Wer über die Augustusbrücke läuft, passiert das freistehende Gebäude mit dem quadratischen Grundriss, das sich im Stil des Dresdner Barock präsentiert. Neustädter Wache sagen die einen, Blockhaus die anderen. Der Name Blockhaus entstammt der Festungsarchitektur und bedeutet Riegel. Als ein solcher diente das sandsteinverkleidete Bauwerk. Es sollte die Augustusbrücke als wichtige Elbüberquerung sichern, hier wurde der Zoll kassiert. 1732 begann der Bau, auf dessen Dach das Reiterstandbild Augusts des Starken platziert werden sollte. Während der Arbeiten starb

Neustädter Wache

der Kurfürst, das Geld floss nicht mehr so reichlich und das Gebäude wurde aus Kostengründen notgedrungen modifiziert. Das Erdgeschoss erhielt lediglich eine geschmückte Balustrade, als man 1739 die Arbeiten beendete. Doch so richtig gefiel das Gebäude den Herrschenden offensichtlich nicht. Zehn Jahre später war plötzlich wieder Geld vorhanden, sodass das Mezzaningeschoss und das Walmdach hinzugebaut werden konnten. Heute nutzt das nach der Zerstörung im Zweiten Weltkrieg wieder errichtete Gebäude die Sächsische Landesstiftung Natur und Umwelt.

i Große Meißner Straße 19, 01096 Dresden; Straßenbahn 4, 8, 9 bis Neustädter Markt

90 Joseph Fröhlich – Denkmal für den Hofnarren

Joseph Fröhlich (1694–1757) beherrschte Taschenspielertricks perfekt, konnte zaubern, hatte immer einen Witz parat und soll stets guter Laune gewesen sein. So ist es überliefert. August der Starke hatte den Müllerburschen als Hofnarr an den sächsischen Hof geholt und schien mit ihm zufrieden zu sein, denn bald bekam Fröhlich den etwas hochtrabenden Titel »Königlich-Kurfürstlicher Hoftaschenspieler« verliehen. In der bildenden Kunst wird Fröhlich fast öfter dargestellt als August der Starke selbst. So malte ihn der berühmte Canaletto in seiner heimatlichen steierischen Tracht, Carl August Lücke d. J. schuf eine mit Gold, Silber und Edelsteinen verzierte Elfenbein-Figur, die Fröhlich auf einem zweirädrigen Karren sitzend zeigt. Dieses Kunstwerk besitzt das Grüne Gewölbe in Dresden und die Porzellansammlung eine Büste Fröhlichs, die Gottlieb Kirchner geschaffen hat. Es scheint, als sei sogar Hofbildhauer Johann Joachim Kändler ein Fan des Hofnarren gewesen, denn er modellierte ihn mehrfach aus Meissener Porzellan.

Fröhlich galt als ein hochgebildeter Mann. Darauf lässt auch seine Bibliothek schließen, in der sich neben Büchern über Mühlentechnik und Zahnheilkunde auch

Joseph-Fröhlich-Denkmal

Werke der Weltliteratur wie der »Simplicissimus« befanden. Das ist bekannt, weil Graf Brühl seinerzeit den Nachlass Fröhlichs registrieren ließ. Der Sohn August des Starken übernahm Fröhlich als Hofnarr und schenkte ihm als polnischer König 1754 sogar eine königliche Hofmühle bei Warschau. Fröhlich blieb jedoch lieber in Dresden, er ließ sich an der Nordseite der Augustusbrücke ein Wohnhaus erbauen, das er »Klein-moritzburg« nannte. Der Volksmund bezeichnete es jedoch als »Narren-häusel«. Die Bomben des Zweiten Weltkrieges zerstörten das 1938 zur Gaststätte umfunktionierte Haus, der Name lebte noch einmal in den 1960er-Jahren auf, als es an dieser Stelle eine Zeltgaststätte »Narrenhäu-sel« gab. Viele Dresdner wussten mit dem Namen jedoch nichts anzu-fangen; das änderte sich 1978, als an dieser Stelle die Bronzeplastik des Hofnarren Joseph Fröhlich von Heinrich Apel enthüllt wurde.

> ℹ️ Am Neustädter Brückenkopf der Augustusbrücke, 01097 Dresden, Straßenbahn 4, 8, 9 bis Neustädter Markt

91 Goldener Reiter – August der Starke hoch zu Ross

Überlebensgroß reitet August der Starke auf einem sich aufrichten-den Lipizzaner-Hengst – den Blick gen Osten gerichtet. War doch der Kurfürst in Personalunion auch König von Polen. Auf der Elbbrücke sollte das Standbild stehen oder auf der Neustädter Wache, um weithin die Macht des Regenten zu verkün-

den. Erst drei Jahre nach Augusts Tod bekam das Standbild auf dem Neustädter Markt seinen Platz, als Goldener Reiter wurde es berühmt. Im Zweiten Weltkrieg war es zerlegt und ausgelagert worden, seit 1956 steht der kupferne, mit Blattgold be-legte Reiter wieder am alten Platz. In seinem Schatten erzählen die Dres-dner gern manche Anekdote von ihrem August, beispielsweise die von seinen unzähligen Sprösslingen, an die halb Europa glaubte. Wilhelmine Friederike Sophie von Bayreuth, die Schwester des Preußenkönigs Friedrich des Großen, hatte diese Geschichte in die Welt gesetzt: »Der

Denkmal August des Starken

König unterhielt eine Art Serail der schönsten Frauen seines Landes. Als er starb, berechnete man die Zahl der Kinder, welche er von seinen Mätressen hatte, auf 354.« Die Historiker haben geforscht, die Kinder Augusts gezählt und die Legende zerstört: Neun legitimierte Kinder verzeichnen die Annalen, darunter den Sohn mit seiner Ehefrau Christiane Eberhardine von Brandenburg-Bayreuth, den 1696 geborenen, späteren Kurfürsten Friedrich August II.

ℹ Neustädter Markt, 01097 Dresden;
Straßenbahnlinien 4, 8, 9 bis Neustädter Markt

92 Körnigreich – unbekannte Meisterwerke

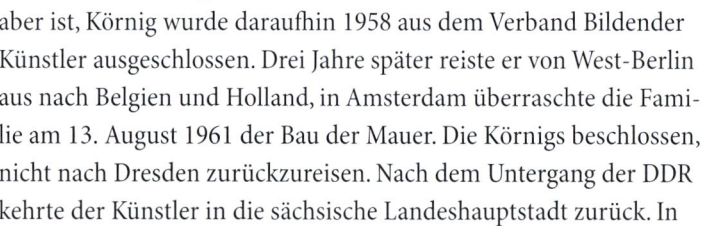

Nur wenige kannten im Osten Deutschlands den Maler Hans Körnig (1905–1989), denn dessen Arbeiten waren in DDR-Depots verschwunden, durften nicht gezeigt werden. Der Grund: Auf der kleinen Radierung »Straße der Befreiung«, wie die heutige Hauptstraße in Dresden zu DDR-Zeiten hieß, gerät die Sowjetfahne mit Hammer und Sichel unter die Hufe des Pferdes von August dem Starken, des Goldenen Reiters. Ob vom Künstler beabsichtigt, lässt sich nicht feststellen. Fakt aber ist, Körnig wurde daraufhin 1958 aus dem Verband Bildender Künstler ausgeschlossen. Drei Jahre später reiste er von West-Berlin aus nach Belgien und Holland, in Amsterdam überraschte die Familie am 13. August 1961 der Bau der Mauer. Die Körnigs beschlossen, nicht nach Dresden zurückzureisen. Nach dem Untergang der DDR kehrte der Künstler in die sächsische Landeshauptstadt zurück. In

»Fastnacht«

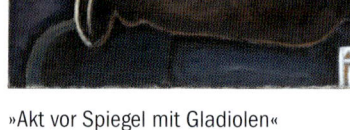

»Akt vor Spiegel mit Gladiolen«

Blick in die Ausstellung

dem Haus, in dem er 26 Jahre lang gelebt und gearbeitet hatte, wurde mit dem »Körnigreich« ein Museum für ihn eingerichtet. Körnig, dessen Gesamtwerk mehr als 300 Ölbilder und rund 1300 grafische Arbeiten umfasst, erlebte diese späte Ehrung nicht mehr. Er hatte sich im Oktober 1989 das Leben genommen, seine Urne wurde auf dem Inneren Neustädter Friedhof beigesetzt.

ℹ️ Öffnungszeiten: Mo, Do–So 11–18 Uhr; Museum Körnigreich, Wallgässchen 2, 01097 Dresden, Tel. 0351/4 56 83 23, www.koernigreich.org; Straßenbahn 4, 9 bis Palaisplatz

93 Königstraße – barocke Prachtallee

Sie heißt Königstraße, war sie doch das letzte Bauvorhaben von August dem Starken nach dem großen Stadtbrand 1685. Oberlandbaumeister Matthäus Daniel Pöppelmann bekam den Auftrag für den Bau einer Prachtstraße. Er erarbeitete Bau-
vorschriften für ein einheitliches Straßenbild. Doch frei schalten und walten konnte er nicht, vom Kurfürsten höchstpersönlich erhielt er genaue Anweisungen, die beispielsweise besagten, dass die Häuser höchstens dreigeschossig sein dürften. Die 1722 bis 1732 angelegte 340 Meter lange Straße gehört zum sternförmigen Grund- riss der Inneren Neustadt. Sie führt vom Japanischen Palais zum

Prachtvolles Fassadenelement

Geschichtsträchtige Königstraße

Albertplatz, so, wie es August dem Starken vorschwebte. Zu DDR-Zeiten nahm die Straße kaum einer wahr, denn die Gebäude sahen unansehnlich aus, vielfach fehlten ihnen der plastische Schmuck und die Balkone, fast alle Häuser waren für den Abriss freigegeben. Heute ist die Königstraße wieder eine der schönsten Barockstraßen Deutschlands, deren Innenhöfe teilweise bis zur nahen Rähnitzgasse bzw. zum Wallgässchen reichen. Sie ist inzwischen die vornehmste Einkaufsadresse Dresdens.

ℹ 01097 Dresden; Straßenbahn 4, 9 bis Palaisplatz, 3, 6, 7, 8, 11 bis Albertplatz

Torso des Barockaltars

94 Dreikönigskirche – mit Mahnmal gegen Kriege

August dem Starken missfiel der einstige Standort der Dreikönigskirche. Sie versperrte den Blick auf die entstehende Allee vom Blockhaus nach Norden zum damaligen Schwarzen Tor. Kurzerhand ließ er das Gotteshaus abreißen und 1732–1739 auf Staatskosten etwa 200 Meter verschoben wieder errichten. Der 87,50 Meter hohe Turm kam erst 1854–1857 hinzu. Der Zweite Weltkrieg ließ eine Ruine zurück, an die Zerstörung

erinnert der Torso des Barockaltars von 1741. Dessen Holzteile
verbrannten im Februar 1945, die
Hitze spaltete den Sandstein. Die
Gemeinde entschied, den Altar
nicht restaurieren zu lassen, er soll
als Kriegsruine ein Mahnmal für
kommende Generationen sein.
Die ursprünglichen äußeren
Formen der Kirche wurden beim
Wiederaufbau weitgehend erhalten
oder wiederhergestellt. Im Inneren
entstand jedoch eine völlig andere
Raumaufteilung, für Gottesdienste
steht nur noch ein Drittel des Vor-
kriegsraums zur Verfügung.
Seit 1991 schmückt ein bedeuten-
des Kunstwerk den Kirchenraum:
Der »Totentanz« von Christoph
Walther I (1493–1546), 1534 am
Georgentor des Residenzschlosses

Blick auf die Dreikönigskirche

angebracht. 1751 kam das Relief
an die Nordmauer des Inneren Neustädter Friedhofs, bis es endlich seinen heutigen Platz unter der Orgelempore der Kirche fand. Darstellung
und Inschriften des 12,47 Meter langen und 1,22 Meter hohen Reliefs
erinnern den Betrachter an die Vergänglichkeit des Lebens. Ähnlich wie
beim Rattenfänger von Hameln folgen dem voranschreitenden Tod in
langer Reihe die Standesvertreter.

🔲 Öffnungszeiten: Mo–Fr 9–18, Sa 10–18, So 11–16 Uhr;
Hauptstraße 23, 01097 Dresden, Tel. 0351/8 12 40; www.hdk-dkk.de,
Straßenbahn 3, 6, 7, 8, 11 bis Albertplatz

Detaildarstellung aus dem »Totentanz«

95 Rebecca-Brunnen – die Wasserträgerin auf hoher Säule

1864 wurde der Sandsteinbrunnen mitten auf dem Platz zwischen der Königstraße und der Dreikönigskirche aufgestellt. Wer ihn geschaffen hat, ist nirgendwo verzeichnet. Es könnte, so meinen Fachleute, Johann Gottfried Knöffler (1715–1779) gewesen sein, von dem es in Dresden mehrere Bildwerke gibt. Die rund 5,70 Meter hohe Säule mit der Figur obenauf kam allerdings erst nach dem Ersten Weltkrieg hinzu. Auch hier großes Rätselraten – der Künstler bleibt bis heute unbekannt. Eindeutig hingegen ist, was der Künstler geschaffen hat. Auf der Säule thront eine Wasserträgerin, es ist Rebecca, deren Geschichte im Alten Testament erzählt wird. Das schöne Mädchen Rebecca reicht dem Knecht Abrahams, der auf der Suche nach einer Frau für den Sohn seines Herrn ist, ihren Krug zum Trinken. Rebecca wird in der Kunst vielfach dargestellt, beispielsweise von Raffael in seinem Isaak-Zyklus in den Loggien des Vatikans. Rebecca ist nicht nur bei Künstlern beliebt, sondern auch bei Dieben. Denn 1952 verschwand die Dresdner Brunnenfigur. Michael Karlovski fertigte eine neue Rebecca, 1994 war der Brunnen rekonstruiert, seitdem speien auch die Delphine wieder Wasser in das Becken. Dennoch sind die Denkmal-

Rebecca-Brunnen

Die Wasserträgerin

pfleger nicht so recht zufrieden. Denn offen sind immer noch die Fragen: Stammt der Brunnen von Knöffler, und wer hat die Säule mit der Figur geschaffen?

ℹ An der Dreikönigskirche, 01097 Dresden; Straßenbahn 3, 6, 7, 8, 11 bis Albertplatz

96 Kügelgenhaus – Museum der Dresdner Romantik

Stuckornament über dem Haupteingang

Im Spätsommer des Jahres 1808 zog der Dresdner Maler und Akademieprofessor Gerhard von Kügelgen (1772–1820) mit seiner Familie in die zweite Etage des heutigen Hauses Hauptstraße 13. Sohn Wilhelm (1802–1867) hat in seinen noch heute verlegten »Jugenderinnerungen eines alten Mannes« darüber geschrieben. Bei Kügelgens gingen viele Gäste ein und aus. Der prominenteste war Johann Wolfgang von Goethe, der im April 1813 an einem Fenster dieses heute nach der Familie Kügelgen benannten Hauses stand, um dem Einzug des russischen Zaren Alexander und des Preußenkönigs Friedrich Wilhelm III. nach ihrem Sieg über Napoleon in der Völkerschlacht bei Leipzig beizuwohnen. Vielfach wird auch vom Haus »Gottessegen« gesprochen, wegen der

Kügelgens Atelier

Biedermeier-Einrichtung

unterhalb des Dachsimses befindlichen Inschrift »An Gottes Segen ist alles gelegen«.

1981 öffnete hier das heutige Museum »Kügelgenhaus – Museum der Dresdner Romantik«. In neun Räumen werden Einblicke in die Dresdner Romantik vermittelt. Breiten Raum nimmt der Familien- und Freundeskreis Christian Gottfried Körners ein, zu sehen sind Exponate aus dem im Zweiten Weltkrieg zerstörten Körnermuseum. Novalis, Ludwig Tieck, die Brüder Schlegel, Heinrich von Kleist, Caspar David Friedrich, Carl Maria von Weber, Robert Schumann und andere stellt das Museum vor. Nach einem Gemälde von Georg Friedrich Kersting wurde das Atelier Gerhard von Kügelgens nachgestaltet.

ℹ Öffnungszeiten: Mi–So 10–18 Uhr; Kügelgenhaus, Hauptstraße 13, 01097 Dresden, Tel. 0351/8 04 47 60, www.museen-dresden.de; Straßenbahn 4, 8, 9 bis Neustädter Markt

97 Neustädter Markthalle – Einkaufsflair wie vor 100 Jahren

Viel Licht, schmiedeeiserne Geländer, verzierte Eisentreppen und stimmungsvolle Gründerzeit-Laternen versetzen die Markthallenbesucher in die Zeit um 1900. Damals entstanden in vielen Großstädten solche Hallen. Sie galten als moderne Einkaufsstätten, in die man das Marktgeschehen aus dem Freien verlagerte. Seit ewigen Zeiten hatten die Dresdner ihre Lebensmittel auf Wochenmärkten eingekauft, meist wurden sie von den Landwirten aus der Umgebung herangeschafft. In der Dresdner Neustadt öffnete die Markthalle am 7. Oktober 1899. Damals war sie eine

Dresdens letzte Markthalle ...

der drei großen Markthallen in der Elbestadt, an 213 Ständen boten Händler ihre Waren zum Verkauf. In den vergangenen Jahrzehnten allerdings mussten vielerorts die Markthallen mit ihren oft kleinen Verkaufsständen als nicht mehr zeitgemäß weichen. Die Dresdner allerdings behielten ihre Neustädter Markthalle. Der Zweite Weltkrieg hatte ihr arg mitgespielt, schrittweise wurde der 86 Meter lange und 30 Meter breite Gründerzeitbau wieder hergerichtet. Am 28. November 2000 zeigte sich die Markthalle nach umfangreichen Sanierungsarbeiten erstmals mit ihrem neuen Inneren. 19 Millionen Euro ließ man sich die Arbeiten kosten.

ℹ️ Neustädter Markthalle, Metzer Straße 1, 01097 Dresden, www.markthalle-dresden.de; Straßenbahn 3, 6, 7, 8, 11 bis Albertplatz

... als Einkaufsstätte beliebt

Dresdner Christstollen

Christstollen aus Dresden sind berühmt. Gut verpackt werden sie von der Elbestadt in alle Welt verschickt. Mehr als 130 Backwarenbetriebe haben sich zum Schutzverband »Dresdner Stollen« zusammengeschlossen, der mit dem

goldenen, ovalen Stollensiegel garantiert, dass das Gebäck hohe Qualität besitzt und wirklich in der Elbestadt hergestellt wurde. Urkundlich erwähnt wird der Dresdner Stollen erstmals in einer Rechnung von 1474, damals Struzel oder Striezel genannt. Ohne Fett und Milch gebacken galt er als fades Gebäck. Kurfürst Ernst von Sachsen und sein Bruder Albrecht sollen den Papst ersucht haben, das »Fett-Verbot« aufzuheben. Der Heilige Vater kam der Bitte nach und aus dem Stollen wurde das, was er heute ist: ein wohlschmeckendes Weihnachtsgebäck. Die Grundzutaten sind seit Jahrhunderten gleich, aber jeder Bäcker und Konditor hat sein Familienrezept. Der eine nimmt einige Rosinen mehr, der andere buttert zweimal nach dem Backen oder es kommt etwas mehr Rum und dafür weniger Muskat hinein.

98 Zwillingsbrunnen – Wasserspiele auf dem Albertplatz

Auf dem Albertplatz, von dem zehn Straßen sternförmig abgehen, stehen seit 1894 die zwei großen Zwillingsbrunnen mit einem Durchmesser von jeweils 19 Metern: die »Stürmischen Wogen« im Westen, die »Stillen Wasser« im Osten. Die Springbrunnen wurden von Robert Diez entworfen. Die Brunnenplastiken mit den Darstellungen der gegensätzlichen Naturgewalten fand man so schön, dass von den »Stürmischen Wogen«

Wasserspiele am Brunnen »Stürmische Wogen«

Figuren und Fabelwesen des Brunnens »Stürmische Wogen«

ein Teilabguss für die Weltausstellung 1900 in Paris gefertigt wurde, der Zeugnis deutscher Gießereitechnik ablegte. Der Zweite Weltkrieg verschonte die Zwillingsbrunnen nicht, die »Stürmischen Wogen« waren zerstört. Fast fünf Jahrzehnte nach Kriegsende, rechtzeitig zur 100-Jahr-Feier der Zwillingsbrunnen 1994, wurden die eingelagerten Reste der »Stürmischen Wogen« restauriert und ergänzt. Seitdem sprudelt auch dieser Brunnen wieder. Die Unterschiede der beiden Brunnen sind nicht gut zu erkennen, weil der Wasservorhang viel von den Bronzefiguren verdeckt. Bei den »Stürmischen Wogen« zeigen elf überlebensgroße Figuren und Fabelwesen Szenen des aufbrausenden Meeres. Beim »Stillen Wasser« geht es geruhsamer zu, Nymphen, Putten und Meerjungfrauen musizieren, umgeben von Fröschen, Schnecken und Muscheln.

ℹ 01097 Dresden; Straßenbahn 3, 6, 7, 8, 11 bis Albertplatz

Plastiken am Brunnen »Stille Wasser«

Artesischer Brunnen

Ab und zu sieht man Dresdner mit Kannen, die sich am Albertplatz Wasser vom Artesischen Brunnen holen. Kaffee und Tee sollen mit diesem Wasser besonders gut schmecken. Der Brunnen hat eine Tiefe von 243,5 Metern, Freiberger Bergleute hatten ihn 1832–1836 ausgehoben, um die Neustadt mit sauberem Wasser zu versorgen. Doch diesen Zweck konnte er nicht voll erfüllen, weil die Wassermenge zu gering war. Das Nass mit der konstanten Temperatur von 16 Grad Celsius kommt durch natürlichen Druck ans Tageslicht, es speist eine kleine Fontäne im Tempiotto, einem neoklassizistischen Rundbau mit Goldfischbecken, der 1906 nach einem Entwurf von Hans Erlwein entstand, sowie den östlich davon gelegenen Trinkbrunnen.

99 Erich-Kästner-Museum – Leben und Werk des Schriftstellers

In seinem autobiografischen Buch »Als ich ein kleiner Junge war« schreibt Erich Kästner (1899–1974): »Geboren wurde ich in einer vierten Etage. In der 48 wohnten wir im dritten und in der 38 im zweiten Stock. Wir zogen tiefer, weil es mit uns bergauf ging. Wir näherten uns den Häusern mit den Vorgärten, ohne sie zu erreichen.« Am Geburtshaus Kästners, Königsbrücker Straße 66, befindet sich eine Gedenktafel, am Albertplatz, Ecke Alaunstraße hat das Kästner-Denkmal seinen Platz: der Hut des Meisters auf einem Bücherstapel und daneben ein Whisky-Glas. Schräg gegenüber, am anderen Ende des Platzes, an der Ecke zur Antonstraße hockt Kästner in Bronze gegossen auf einer Gartenmauer. Die Villa Augustin dahinter, benannt nach

Der junge Kästner in Bronze

Erich-Kästner-Museum am Albertplatz

der Familie, gehörte seinem Onkel Franz, einem erfolgreichen Pferde-händler. Der kleine Erich war hier oft zu Gast und beobachtete von der Gartenmauer aus das quirlige Treiben am Albertplatz. Die Villa Augustin nahm das Erich-Kästner-Museum auf, das ein facettenreiches Bild des Autors von »Emil und die Detektive«, dem »Doppelten Lottchen« und weiterer erfolgreicher Bücher vermittelt.

> ℹ Öffnungszeiten: So–Mi Fr 10–18 Uhr; Erich-Kästner-Museum, Antonstraße 1, 01097 Dresden, Tel. 0351/8 04 50 86, www.erich-kaestner-museum.de; Straßenbahn 3, 6, 7, 8, 11 bis Albertplatz

100 Kunsthofpassage – bunte Hinterhöfe

Passagen sind schicke, glasüberdachte Einkaufsmeilen – normalerweise. Aber nicht so in Dresdens Äußerer Neustadt! Hier, im Szeneviertel, tobte die pure Lust am Gestalten und verwandelte fünf triste Hinterhöfe in echte Hingucker. Etwas Besonderes sollte entstehen, heruntergekomme-ne, graue, dunkle Gebäude und Höfe zu neuem Leben erweckt, Wohnen, Arbeiten und Feiern miteinander verbunden werden. 1999 war der größte Teil des Werkes vollbracht, kreativ hatte man Buntes und Kon-trastreiches geschaffen. Seitdem geht es zwischen der Görlitzer und der Alaunstraße nicht mehr ruhig zu. Die einen kommen zum Bummeln, andere zum Einkaufen oder um sich in einer der kleinen Kneipen und Cafés mit Freunden

Hof der Elemente   Hof der Fabelwesen

zu treffen oder auch nur, um zu schauen. Auf das, was die Künstler er-
dacht und verwirklicht haben. Man geht durch den Hof der Fabelwesen
mit schwebenden Figuren und Vögeln zum Hof des Lichts mit seinen
blauen Hauswänden, zum Hof der Metamorphosen, der das Entstehen
und Vergehen in der Natur verdeutlicht, und weiter zum Hof der Tiere
mit phantasievollen Fassadengestaltungen. Im Hof der Elemente rauscht
Wasser durch verschlungene Regenrohre nach unten, große Trichter
fangen es auf. Das »Regenwasserspiel« wird bei Sonnenschein und Regen
geboten, zu jeder vollen und halben Stunde von Frühjahr bis Herbst.

ℹ️ Kunsthofpassage, Görlitzer Straße 21–25/Alaunstraße 70, 01099 Dresden,
www.kunsthof-dresden.de; Straßenbahn 7, 8 bis Bischofsweg

101 Kraszewski-Museum – binationale Einrichtung

1862 suchte der polnische Publizist Józef Ignacy Kraszewski mit rund
6000 anderen polnischen Emigranten Schutz in Sachsen, um der Verban-
nung nach Sibirien zu entgehen, die der russische Zar angedroht hatte.
»Wenn mich nicht alles täuscht«, schrieb er später, »so musste ich allein
in Dresden elf oder zwölf Mal umziehen«. Eine seiner Wohnungen war
das kleine Gartenhaus in der Nordstraße 28, in der er von 1873 bis 1879
wohnte. In Dresden, so haben Wissenschaftler errechnet, habe Kraszewski, der rund 600 Bücher hinterlassen hat, etwa 80 geschrieben, darunter
den als Sachsentrilogie bekannt gewordenen Romanzyklus »Gräfin Cosel« (1873), »Brühl« (1874) und »Aus dem Siebenjährigen Krieg« (1875),
den das Fernsehen der DDR unter dem Titel »Sachsens Glanz und
Preußens Gloria« in den 1980er-Jahren in sechs Teilen verfilmte. Die his-

torischen Romane behandeln die Geschichte zu Zeiten, als Sachsen und Polen durch ihre Regenten, August dem Starken und danach seinem Sohn, Kurfürst Friedrich August II., vereint waren. Beide waren Kurfürsten von Sachsen und zugleich gewählte Könige von Polen. 1960 öffnete in Kraszewskis einstigem Wohnhaus, das um

Ausstellungsraum im Museum

1855 im Schweizer Landhausstil entstanden war, das erste binationale Museum Deutschlands. Nach 52 Jahren sollte es geschlossen werden. Der Grund: Ein neues polnisches Gesetz bestimmte, dass Kulturgüter, die älter als 50 Jahre sind, nur noch maximal fünf Jahre im Ausland ausgestellt werden dürfen. Das Dresdner Kraszewski-Museum musste fast alle Exponate an das östliche Nachbarland zurückgeben. Gesetz hin, Gesetz her – beide Länder fanden eine Lösung. Das Warschauer Adam-Mickiewicz-Museum richtete eine neue Dauerausstellung ein. In drei Räumen, darunter dem Arbeitszimmer Kraszewskis, wird die Vielseitigkeit des Publizisten wieder lebendig. Eröffnet wurde die neue Ausstellung Anfang 2013. Die Räume sind in den polnischen Nationalfarben rot und weiß gehalten. Die Ausstellung ist in Polnisch und Deutsch beschriftet.

ℹ️ Öffnungszeiten: Mi–So 13–18 Uhr; Kraszewski-Museum, Nordstraße 28, 01099 Dresden, Tel. 0351/8 04 44 50, www.stadtmuseum-dresden.de; Straßenbahn 11 und Bus 64 bis Nordstraße, Straßenbahn 13 bis Alaunplatz

Kraszewski-Museum

102 Hörrohr – lauschen in die Natur

Die Dresdner lieben ihre Elbe, aber auch deren Nebenflüsse – die Weißeritz, den Lockwitzbach, die Prießnitz. Manche sitzen stundenlang am Wasser, lauschen und schauen. Die Dresdner haben ein Faible für die

Natur, für das Wasser und das viele Grün. Mit 62 Prozent Grün- und Waldfläche gehört ihre Stadt zu den grünsten Städten Europas. Auch die Prießnitz gluckert und plätschert vorbei an Häusern und Gehwegen, schlängelt sich unter Brücken durch. Gimpel und Zaunkönige haben sich das Bächlein als Lebensraum ausgesucht, auch Eisvögel sollen schon gesichtet

Die Natur belauschen

worden sein. Und das trotz des pulsierenden Lebens rundherum, denn in der Äußeren Neustadt geht es nicht gerade gemächlich zu. Kneipen, Diskos, Restaurants reihen sich aneinander. In der warmen Jahreszeit sitzt man auf Fenstersimsen und Bordsteinkanten. Wer hat da noch Sinn (oder Zeit) für die Natur vor der Tür? Das Rufen der Vögel und das Gluckern und Plätschern des Wassers geht in den Stadtgeräuschen meist unter. Ein Hörrohr am Prießnitzufer soll daran erinnern: Neben Verkehrslärm, Stimmengewirr und lauten Technoklängen gibt es noch eine abwechslungsreiche Natur mit Stockenten, Gimpeln und Zaunkönigen.

ℹ Prießnitzstraße, Ecke Nordstraße, 01099 Dresden;
Straßenbahn 13 bis Alaunplatz

103 Jägerhof – Museum für Sächsische Volkskunst

Wunderschöne Pyramiden und Räuchermännchen, kunstvolle Erzeugnisse der Töpfer und Glasmacher, filigrane Klöppelspitzen, prachtvolle Trachten der Sorben sowie farbig dekorierte Möbel und Hausrat aus vorindustrieller Zeit füllen die Räume des Jägerhofs. Kurfürst August

(1526–1586) ließ ihn ab 1568 errichten. Von hier brach die Hofgesellschaft zur Jagd auf, auch Feste wurden im 17. Jahrhundert an diesem Ort gefeiert. Die Sandsteinskulptur eines Jägers in der Hofkleidung der damaligen Zeit vor dem Eingang erinnert an die ehemalige Funktion des Gebäudes. Drei der einst vier Flügel des Jägerhofes sind verschwunden, Ende des 19. Jahrhunderts wurden

Jägerhof

sie abgetragen. Stehen blieb der Westteil, ein langgezogener Bau im Renaissancestil mit drei Treppentürmen. Über den Abriss ärgern sich vor allem die Museologen, könnten sie doch die verloren gegangenen Räumlichkeiten dringend gebrauchen, um noch mehr von ihren Kunstwerken zu zeigen. Sachsen hat Tradition im volkskünstlerischen Schaffen und vieles bewahrt das Museum für Sächsische Volkskunst im Jägerhof

Brunnen im Jägerhof

auf. Als es 1897 gegründet wurde, war es eines der ersten seiner Art in Deutschland. Das Haus besitzt noch eine weitere Kostbarkeit: Die mehr als 50 000 Gegenstände umfassende Sammlung von Theaterpuppen aus dem 18. bis 20. Jahrhundert. Die gehört zu den bedeutenden und größten ihrer Art auf der Welt.

ℹ️ Öffnungszeiten: Di–So 10–18 Uhr, Köpckestraße 1, 01097 Dresden, Tel. 0351/49 14 20 00, www.skd.museum; Straßenbahn 3, 7, 8 bis Carolaplatz

104 Sarrasani-Brunnen – Erinnerung an eine Legende

Zu Beginn des 20. Jahrhunderts war Sarrasani der »größte und eleganteste Zelt-Circus Europas«, so steht es in einer Sarrasani-Anzeige von 1902. Von Radebeul aus startete das Unternehmen seine

Tourneen, in Dresden schlug es sein Zelt mit Vorliebe auf dem Platz neben dem Jägerhof in der Neustadt auf. Die Stadt verkaufte das freie Gelände an den Zirkus, am 22. Dezember 1912 eröffnete hier der erste feste Zirkusbau Europas, das runde »Circus-Theater 5000« mit einer 36 Meter hohen Kuppel. Auch die königliche Familie war bei der Einweihung zugegen. 3860 Menschen fanden nach offiziellen Angaben in dem Zirkusbau Platz. 1926/1927 verfügte Sarrasani über zwei Riesenzelte für je 10 000 Zuschauer, 800 Arbeitnehmer wurden beschäftigt, mit 250 Pferden, 100 Raubtieren, 22 Elefanten und 175 Fahrzeugen ging man auf Reisen. Im Februar 1945 zerstörten Bomben das Sarrasani-Theater, das danach nicht wieder aufgebaut wurde. Seit 1994 ist der Name des Unternehmens von November bis Februar am Straßburger Platz zu lesen. Das Sarrasani-Trocadero-Dinner-Varieté-Theater bietet eine Dinnershow, aber ohne Raubtiere und Elefanten. An die erinnert der 2007 von Vinzenz Wanitschke geschaffene Sarrasani-Brunnen mit einer Elefantenformation in Bronze auf dem Brunnenrand. Der steht dort, wo sich bis 1945 das Stammhaus des Zirkus befand.

ℹ Sarrasanistraße, 01097 Dresden; Straßenbahn 3, 7, 8 bis Carolaplatz

Sarrasani-Brunnen

105 Staatskanzlei – das Haus mit der goldenen Krone

Staatskanzlei mit Königskrone

Weithin leuchtet von der sächsischen Staatskanzlei am Elbufer die goldene Krone. 1992 hievte ein Kran die 2,70 Meter hohe und 600 Kilogramm
schwere Königskrone auf die Spitze des Mittelbaus. Nur die älteren
Dresdner wussten, dass mit dem Aufsetzen der Königlich-Sächsischen
Krone das monumentale Bauwerk, als Gesamtministerium errichtet, sein
altes Aussehen zurückbekam. Entstanden war der schlossartige Vierflügelbau aus Postauer Sandstein 1900–1904, weil Dresdens aufgeblähter
Verwaltungsapparat dringend Räumlichkeiten benötigte. Unter der goldenen Krone residierten bis zum Ende der Monarchie vier Ministerien.
In den Jahren der Weimarer Republik war es ein Kommen und Gehen
der Ministerien, zwischen 1927 und 1934 hatten dann sieben von ihnen
ihre Büros in dem Gebäude.

Zu DDR-Zeiten, als sich die Verwaltung für den Bezirk Dresden
in den Räumen breit machte,
verschwand die Goldene Krone
als nicht zeitgemäß. Stattdessen
wurde eine Friedenstaube aufs
Dach gesetzt, von den Dresdnern
spöttisch als »brütende Henne«
bezeichnet. Nach einer aufwän-
digen Sanierung haben in dem
Gebäude seit 1999 die Sächsische
Staatskanzlei und das Sächsi-

Detail der Westseite

sche Staatsministerium für Umwelt und Landwirtschaft ihren Sitz. Am bekanntesten ist das Media- und Bürgerzentrum im Erdgeschoss, weil es auch als Vortragsraum für Besuchergruppen sowie als Fernsehstudio genutzt wird.

⌷ Carolaplatz 1, 01097 Dresden; Straßenbahn 3, 7, 8 bis Carolaplatz

106 Rosengarten – mit Felix Pfeifers Diva

Die Plastik »Genesung« gehört mit zu den meistfotografierten Kunstwerken Dresdens. Vielleicht, weil die bronzene Dame sich hüllenlos zeigt, vielleicht auch nur, weil es eben eine schöne Plastik ist. Geschaffen hat sie der Bildhauer Felix Pfeifer (1871–1945) für den Brunnen vor der Leipziger Ortskrankenkasse. 1936 transportierte man das Bronzemädchen nach Dresden, auf der Reichsgartenschau verzauberte sie unter dem neuen Namen »Beglückende Schönheit«. Die Dame blieb als Geschenk in der Elbestadt und ziert den von 1935 bis 1937 angelegten Rosengarten am Carusufer. Rund um die nackte Schöne blühen rund 120 verschiedene Rosenarten, nicht wenige stammen noch aus der Erbauungszeit der Grünanlage am Neustädter Elbufer. Wer Leipzig besucht und vor dem AOK-Gebäude steht, wird sich verwundert die Augen reiben. Ist Pfeifers Bronzemädchen nach Leipzig zurückgekehrt? Mitnichten. Von der Dresdner Plastik wurde ein Nachguss angefertigt. Am Originalstandort in Leipzig steht demzufolge eine Kopie.

⌷ 01097 Dresden, www.rosengarten-dresden.de;
Straßenbahn 6, 7, 11 bis Rosa-Luxemburg-Platz

Restaurant und ...   »Genesung« im Rosengarten

107 Albertbrücke – Erinnerung an Bomätscher und Fährleute

Bomätscher hatten ein schweres Leben. Sie zogen Schiffe stromaufwärts, also in jene Richtung, in der sie die Strömung nicht trieb. Bomätscher ist die sächsische Bezeichnung für Treidler, schweizerisch sagt man Recken dazu. Später zogen Radschleppdampfer die Lastkähne, die etwa ab 1920 Motorschlepper ablösten. Um 1950 mussten sich die letzten Bomätscher eine neue Tätigkeit suchen, sie wurden nicht mehr gebraucht. Die Pfade am Elbufer, auf denen sie einst – sich gegenseitig mit Rufen anfeuernd – die schwere Last zogen, sind inzwischen Spazierwege. Ein Relief, angebracht an den Stützmauern der Albertbrücke auf der Neustädter Seite, heißt »Die Bomätscher«. Es ist 1,40 Meter hoch, zehn Meter breit, und wurde 1938 von Edmund Moeller geschaffen. Er setzte damit den Schiffsziehern ein Denkmal. Links davon zeigt ein zwölf Meter breites Relief von Hermann Alfred Raddatz Arbeiter beim Beladen eines Schiffes und einen Fährmann mit Kahn. Fähren auf der Elbe gehörten zum alltäglichen Bild, doch den Fährmann, der das Boot mit seiner Muskelkraft vorwärtsbewegt, gibt es schon lange nicht mehr. Heutzutage sind Fährleute auf den motorbetriebenen Fähren so etwas wie Kapitäne. Die 316 Meter lange Albertbrücke mit den Reliefs und einem Geländer aus Gusseisen entstand 1875–1877 aus Sandstein.

ℹ 01097 Dresden; Straßenbahn 6, 7, 11 bis Rosa-Luxemburg-Platz

Sandsteinreliefs erinnern ...

... an die schwere Arbeit ...

... der Schiffer und Treidler

108 Turmfalken im Blick – mehr Aufmerksamkeit für geschützte Vögel

Auf der Martin-Luther-Kirche nisten Turmfalken. Oberhalb der Besucherplattform haben sie sich Mitte der 1990er-Jahre niedergelassen. Woher sollten sie auch wissen, dass sie sich keinen Felsen, sondern den 81 Meter hohen Kirchturm ausgesucht hatten? Turmfalken sind streng geschützt, in Dresden leben vermutlich noch rund 120 Brutpaare. Vor einigen Jahrzenten allerdings waren es noch doppelt so viele. Dafür kommen zunehmend Wildtiere in die Städte, Füchse, Steinmarder, Waschbären, Wildschweine und sogar ein Elch verirrte sich nach Dresden. Die Tiere finden reichlich Futter und – abgesehen vom Elch – auch Unterschlupf. Die Turmfalken dagegen haben es zunehmend schwerer. Ruinen und verfallene Häuser boten ihnen in den vergangenen Jahrzehnten Zuflucht, der Zweite Weltkrieg hatte in Dresden viele Freiflächen hinterlassen, auf denen sie nach Mäusen, Kleinvögeln und Insekten jagten.

Wo sind die Turmfalken?

Die Turmfalken sind in Gefahr, durch zahlreiche Schutzmaßnahmen, so das Anbringen von rund 70 Nistkästen, konnte der Bestand in Dresden gesichert werden. Auf dem Martin-Luther-Platz steht ein Fernrohr, gerichtet auf die Untermieter in der Fassade des Kirchturms. Wer hindurchschaut, sieht nichts. Das Fernrohr, eine Attrappe, soll anregen, die Turmfalken mit dem Auge zu entdecken und ihnen Aufmerksamkeit zu schenken.

ℹ Martin-Luther-Platz, 01099 Dresden; Straßenbahn 11 bis Pulsnitzer Straße

109 Pfunds Molkerei – der schönste Milchladen der Welt

Mehr als 3500 handgemalte halbplastische Majolika-Fliesen an den Wänden und Decken machen Pfunds Molkerei zu einem künstlerischen Kleinod. Deshalb drängen sich im »schönsten Milchladen der Welt« – so steht es im Guinness Buch der Rekorde – die Touristen aus aller Welt. Die Fliesen erzählen anschaulich von der Milchgewinnung und Milchverarbeitung, wie sie Paul Gustav Pfund (1849–1923) ab 1880 einführte. Von Milchhygiene sprach seinerzeit kein Mensch. Die Milch

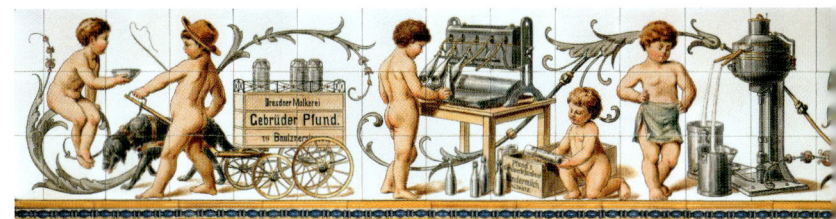

Detailreiche Majolika-Fliesen

kam von den Dörfern in offenen Wagen und ungekühlt in die Stadt. Der Landwirt Pfund mietete in der Görlitzer Straße einen Laden. Hier konnte jeder zusehen, wie seine anfangs sechs Kühe gemolken und er die Milch zum Verkauf fertig machte. In diesen Räumen wurde erstmals in Dresden Milch pasteurisiert. Pfund war auch der Erste, der in Deutschland Kondensmilch produzierte. Bald war der Laden in der Görlitzer Straße zu klein, Paul Gustav Pfund zog mit seinem Bruder Friedrich, der in das Unternehmen eingestiegen war, in die Bautzner Straße, wo er ein kleines Imperium aufbaute. Anfangs waren es täglich 150 Liter Milch, in den 1930er-Jahren etwa 60 000 Liter, die täglich verkauft oder zu Milchprodukten verarbeitet wurden. Pfunds Molkerei war bis zum Zweiten Weltkrieg das größte Unternehmen dieser Art in Sachsen. Nach der Einheit Deutschlands bekam der zu DDR-Zeiten geschlossene Laden seine geflieste Farbenpracht zurück. Verkauft wird heute vor allem Käse, frische Milch steht aber auch bereit.

ℹ️ Öffnungszeiten: Mo-Sa 10-18, So 10-15 Uhr; Dresdner Molkerei Gebrüder Pfund, Bautzner Straße 79, 01099 Dresden, Tel. 0351/80 80 80, www.pfunds.de; Straßenbahn 11 bis Pulsnitzer Straße

Milchladen Pfunds Molkerei

Schloss Albrechtsberg hoch über dem Elbufer

Rund um die Neustadt

Dresden dehnte sich vor allem im 19. Jahrhundert aus. Nördlich der Äußeren Neustadt wurde die Albertstadt erbaut, eine riesige Garnisonssiedlung. Die Schönheit des malerischen rechten Elbufers entdeckte als erstes der sächsische Hof, der sich Pillnitz erwählte, später kamen Industrielle, Wissenschaftler und Künstler. Sie ließen sich in Loschwitz, Weißer Hirsch, Wachwitz und Hosterwitz Villen errichten sowie die drei Elbschlösser. In der entgegengesetzten Richtung, in Hellerau, entstand Deutschlands erste Gartenstadt.

110 Meridiansäule – die Rähnitzer Butterstampfe

Butterstampfe sagt der Volksmund zu der zehn Meter hohen Säule am Südrand von Rähnitz. Sie ist aus Sandstein gefertigt und steht seit 1828 an dieser Stelle. Eine Relieftafel erinnert an Wilhelm Gotthelf Lohrmann (1796–1840), den man 1827 zum Oberinspekteur des Mathematisch-Physikalischen Salons ernannte und der – so steht es auf der Relieftafel – ein Jahr später der »erste Direktor der Technischen Hochschule Dresden« wurde, zumindest der Vorläufereinrichtung. Lohrmann war Geodät, Topograph, Astronom und Meteorologe. Die Säule in Rähnitz bildete den nördlichsten Punkt eines Vermessungssystems, Meridiansäule sagt man heute dazu. Solche Säulen wurden an vielen Stellen errichtet, sie dienten den Geodäten als Ausgangs- oder Zielpunkt von Vermessungen. Bekanntheit erreichte der Dresdner Lohrmann mit seiner Mondkarte »Mondcharte in 25 Sectionen«, von der die meisten Blätter erst nach seinem Tod veröffentlicht wurden. An den Dresdner Wissenschaftler erinnert nicht nur die Rähnitzer Meridiansäule, sondern auch der 1935 nach ihm benannte Ein-

Meridiansäule

schlagkrater auf der westlichen Mondvorderseite, der Name des Observatoriums der Technischen Universität sowie eine Straße im Stadtteil Reick.

ℹ️ bei der Meridianstraße im Ortsteil Rähnitz, 01109 Dresden; Bus 70, 72 bis Beckerstraße

Gedenktafel für W. G. Lohrmann

111 Gartenstadt Hellerau – wohnen im Grünen

Deutschlands erste Gartenstadt möchte Weltkulturerbe werden! Im ersten Anlauf 2014 hat es nicht geklappt, doch die Sachsen geben nicht auf. Sie meinen, die Kultur- und Industriesiedlung am Rande der Dresdner Heide gehöre auf die UNESCO-Welterbeliste. Leben und Arbeit, Kultur und Bildung miteinander verbinden – so lautete das Credo für die zwischen 1909 und 1914 erbaute Siedlung. Die Zustände in vielen Arbeitersiedlungen Deutschlands waren seinerzeit miserabel, die Wohnungen klein, völlig überfüllt und unhygienisch. Karl Schmidt, der Gründer der Deutschen Werkstätten für Handwerkskunst (DWH), wollte, dass seine Arbeiter in einer lebenswerten, naturnahen Umgebung wohnen. Den Mittelpunkt der neuen Siedlung bildete die neue Fabrik, denn der Weg zur Arbeit sollte möglichst kurz sein. Die Ein-, Zwei- und Vierfamilienhäuser in der hügeligen Landschaft sind von schlichter Architektur, jede Wohnung – in der damaligen Zeit etwas Besonderes – verfügte über einen Keller, eine Waschküche mit gemauertem Kessel, Be- und

Deutschlands erste Gartenstadt

Entwässerung sowie einen bis zu 265 Quadratmeter großen Garten. Rund 400 Familien wohnten um 1914 in der idyllischen Siedlung mit ihren von Gärten gesäumten Straßen und den gelb verputzten Häusern mit grünen oder blauen Holzfensterläden.

Als erste Gartenstädte weltweit gelten Letchworth und Welwyn Garden City in England, die nach Ideen von Ebenezer Howard entstanden. Der zeigte sich bei einem Besuch in Hellerau beeindruckt.

Typisches Hausdetail

ℹ️ Gartenstadt Hellerau, 01109 Dresden; Straßenbahn 8 bis Festspielhaus Hellerau

Festspielhaus Hellerau

Das Festspielhaus, das den Stil des Bauhauses teilweise um ein Jahrzehnt vorwegnimmt, avancierte rasch zu Helleraus »Tempel der Kunst«, zum geistigen und kulturellen Zentrum der Gartenstadt. In dem großen, lichten Festsaal, dem ersten bühnenlosen, offenen Theaterbau der Moderne, gastierten namhafte Künstler. Der schmucklose Bau wurde zum Treff der europäischen Kulturelite. Emil Nolde, George Bernard Shaw und Franz Kafka waren hier, aber auch Oskar Kokoschka und Henry van de Velde. Nach dem Zweiten Weltkrieg vereinnahmte die Sowjetarmee das Theater und die umliegenden Gebäude und behielt den Komplex bis zu ihrem Abzug aus Deutschland 1994. Zurück blieb eine desolate Anlage. Heute ist sie, nach einer umfangreichen Renovierung, Sitz des Europäischen Zentrums der Künste Hellerau.

ℹ️ Karl-Liebknecht-Straße 56, 01109 Dresden; www.hellerau.org, Straßenbahn 8 bis Festspielhaus Hellerau

112 Militärhistorisches Museum – »Faule Magd« und viel mehr

Einen Streifzug durch die deutsche Militärgeschichte vom Spätmittelalter bis zur Gegenwart hält das Museum bereit, eines der modernsten und größten historischen Museen Deutschlands. Sein Domizil hat es in zwei Gebäuden: im königlich-sächsischen Arsenal von 1873–1877 und im 2011 fertiggestellten Neubau des amerikanischen Stararchitekten Daniel Libeskind. Das Bauwerk aus Stahl, Glas und Beton durchschneidet in Form eines Keils das alte Arsenal. Er soll symbolisch an die Bombardierung Dresdens am Ende des Zweiten Weltkrieges erinnern, die Licht- und Schattenstrukturen dagegen stehen für die wechselvolle deutsche Militärgeschichte. »Zwischen Krieg und Frieden« nennt sich die gewaltige Dauerausstellung, die sich immer wieder den Menschen zuwendet. Zu sehen sind Großobjekte wie Kanonen, Helikopter und Autos ebenso wie Uniformknöpfe. Zu den musealen Raritäten gehören das von Wilhelm Bauer gebaute erste deutsche U-Boot »Brandtaucher« (1850–1851), das als ältestes erhaltenes Tauchboot der Welt gilt, der Landeapparat des Raumschiffes »Sojus 29«, in dem der Sachse Dr. Sigmund Jähn 1978 als erster Deutscher aus dem Weltraum zurückkehrte, und das älteste europäische Riesengeschütz (um 1430), ein einzigartiges Zeugnis aus der Frühzeit der Artillerie. Sein Name »Faule Magd« leitet sich von der geringen militärischen Einsatzfähigkeit des Geschützes ab, da mit den Steinkugeln von etwa 45 Kilogramm Gewicht vermutlich nur etwa 500 Meter weit geschossen werden konnte. Der Cabriolet Horch 830 BL gehörte vermutlich zum Fuhrpark des deutschen Stadtkom-

Keilförmiger Einbau von Daniel Libeskind in das historische Bauwerk

»Faule Magd«

Auto von General de Gaulle

mandanten von Paris während der deutschen Besetzung. Mit Vorliebe nutzte General Charles de Gaulle nach dem Zweiten Weltkrieg bis zu seinem Amtsantritt als Präsident im Januar 1959 das Auto. Rund 10 500 Exponate sind in der Dauerausstellung des Museums zu sehen, etwa eine Million Objekte lagern im Depot.

 Öffnungszeiten: Do–Di 10–18, Mo 10–21 Uhr; Militärhistorisches Museum der Bundeswehr, Olbrichtplatz 2, 01099 Dresden, Tel. 0351/8 23 28 03, www.mhmbw.de; Straßenbahn 7, 8 und Bus 64 bis Stauffenbergallee

113 Garnisonskirche – Simultangotteshaus

Geld war auch im 19. Jahrhundert knapp. Es reichte nicht, um für die in den Kasernen der Albertstadt stationierten Heeresangehörigen eine protestantische und eine katholische Kirche zu errichten. Die Albert-stadt, benannt nach König Albert von Sachsen, war 1873–1877 als Soldatensiedlung mit eigener Verwaltung und Polizei entstanden, bis zu 10 000 Soldaten dienten hier. Der Geld-mangel führte zu einer dem Heiligen Martin geweihten Simultankirche (1896–1900): eine große Halle mit 2000 Plätzen für die protestantischen Christen und eine kleinere mit 400 Plätzen für die Katholiken. Der Eingangsbereich für beide Kirchen wendet sich zur Stauffenberg allee. Was die beiden Architekten William Lossow und Hermann Viehweger geschaffen haben, gehört zum Besten des Historis-mus in Dresden. Die Ausmalung und die farbigen Glasfenster des mächtigen und reich gegliederten Sandsteinbaus erfreuen das Auge.

Nordansicht

Buntglasfenster im katholischen Teil

Seit 1945 wird nur noch der katholische Teil als St. Martin-Kirche sakral genutzt. Die sechs Glocken im 85 Meter hohen Kirchturm – so wird jedenfalls behauptet – habe man aus französischen Kugeln des Krieges 1870–1871 gegossen. Im Ersten Weltkrieg wurden fünf Glocken aus dem Turm geholt – sie wurden wieder zu Kugeln gegossen ...

ℹ Garnisonskirche, Stauffenbergallee 9, 01099 Dresden, Tel. 0351/8 04 58 26, www.dresdner-stadtteile.de; Straßenbahn 7, 8 und Bus 64 bis Stauffenbergallee

Imposantes Bauwerk: die Garnisonskirche

114 Waldschlösschenbrücke – ein vieldiskutierter Tausch

Dresden tauschte die Waldschlösschenbrücke gegen den UNESCO-Welterbestatus. Am 24. und 25. August 2013 nahmen die Dresdner mit einem großen Fest Besitz von ihrer jüngsten Elbquerung, der Waldschlösschenbrücke. Gebaut wurde sie, um die vier Elbbrücken in der Innenstadt sowie das Blaue Wunder zu entlasten. Die Proteste gegen den Brückenbau waren groß, doch lediglich die kleine, gerade mal vier Zentimeter große Kleine Hufeisennase führte kurzzeitig zum Erfolg. Weil sie sich angeblich in dieser Gegend aufhält, verhängte das Verwaltungsgericht einen dreimonatigen Baustopp. Gesehen hat die Hufeisennase aber niemand, denn die kleine Fledermausart jagt erst bei völliger Dunkelheit. Die Brücke entstand inmitten des UNESCO-Welterbes »Kulturlandschaft Dresdner Elbtal«. Der UNESCO war der Bau zu monumental und sie drohte mit

dem Entzug des Titels. Die Dresdner sprachen sich 2005 in einem Bürgerentscheid dennoch mit 67,9 Prozent für den Brückenbau aus. Den Entzug des Welterbesiegels wollten Brückenbefürworter wie der vormalige Baudirektor der Frauenkirche durch einen Kompromiss noch verhindern: Zu den Veränderungen gehörte, dass die Bogenfüße 60 Prozent schlanker wurden und der Brückenbogen insgesamt flacher und schmaler. Man verständigte sich auch darauf, keine Laternen entlang der Fahrbahn aufzustellen, sondern LED-Leisten in die Brückengeländer einzubauen. Doch es war zu spät: Die insgesamt 635 Meter lange und 180,5 Millionen Euro teure Waldschlösschenbrücke hat Dresden im Jahr 2009 den Welterbetitel gekostet. Allen Beteuerungen zum Trotz: Auf die Touristenbesuche hat das keinerlei Einfluss, Jahr für Jahr kann Dresden mehr Anreisen vermelden.

ℹ Waldschlösschenbrücke, 01307 Dresden;
Straßenbahn 62 und Bus 74 bis Johannstadt

115 Schloss Albrechtsberg – Wohndomizil eines Hohenzollern

Das repräsentative Schloss oberhalb der Elbe hat Dresden keinem Wettiner, sondern einem Hohenzollern zu verdanken: Albrecht Prinz von Preußen (1809–1872), dem jüngsten Sohn von König Friedrich

Park von Schloss Albrechtsberg

Wilhelm III. Nach seiner Scheidung von Prinzessin Marianne der Niederlande hatte der Rosalie von Rauch (1820–1879) geheiratet, eine zwar adelige, aber eine »einfache Freiin«. Das war für einen Königssohn keine standesgemäße Dame. Daran änderte auch nichts, dass sie zur Gräfin von Hohenau erhoben wurde. Der Prinz war am preußischen Hof nicht mehr erwünscht, erhielt eine Zuwendung von mehreren Millionen Goldmark und zog mit seiner Gemahlin nach Dresden. Hoch über dem Elbtal ließ er sich 1850–1854 ein sandsteinverkleidetes Schloss im spätklassizistischen Stil erbauen. Als Vorbild für den stattlichen Bau dienten römische Renaissancevillen, besonders die Villa Medici in Rom. Eine freitragende weiße Marmortreppe führt vom Foyer in die obere Etage. Schauen die Besucher empor, sehen sie eine prachtvolle Kuppel, die Vorfahren des Preußenprinzen zieren. Prunkvoll zeigt sich der Kronensaal mit einer reich dekorierten Kassettendecke, ein Meisterwerk preußischen Spätklassizismus. Den Raum säumen beidseitig hohe Bogenfenster, die Längsseiten gliedern große goldgerahmte Spiegel. 1945 wurde Prinz Albrechts Sohn enteignet und die sow-

Kuppel im Kronensaal

Blick in den Westflügel

Kronensaal

jetische Militäradministration zog in Schloss Albrechtsberg ein. Zu DDR-Zeiten wurde es als Pionierpalast genutzt, benannt nach dem führenden SED-Funktionär Walter Ulbricht. Mädchen und Jungen verbrachten in dem Haus einen Teil ihrer Freizeit. Heute bietet Schloss Albrechtsberg mit seinem edlen Ambiente einen repräsentativen Rahmen für Bälle, Bankette, Konferenzen, Präsentationen, Konzerte und Hochzeiten. Über Albrecht Prinz von Preußen und die wechselvolle Geschichte von Schloss Albrechtsberg informiert eine kleine Ausstellung im östlichen Torhaus.

i Öffnungszeiten: Park, Schloss Außenbesichtigung und Ausstellung im östlichen Torhaus tgl. 10-18 Uhr (Schlossinnenbesichtigung nur nach Vereinbarung), Schloss Albrechtsberg, Bautzner Straße 130, 01099 Dresden, Tel. 0351/8 11 58 21, www.schloss-albrechtsberg.de; Straßenbahnlinie 11 bis Elbschlösser

Panoramasicht vom Schloss Albrechtsberg auf die Elbe

116 Lingner-Schloss – das »Haus« des Odol-Königs

Als Preußenprinz Albrecht Dresden 1850 zum Wohnsitz wählte, reiste
er nicht nur mit der Gemahlin und Dutzenden von Koffern an, an seiner
Seite befand sich auch der Kammerherr, Baron von Stockhausen. Den
wollte der Prinz in seiner Nähe haben, doch mit ihm unter einem Dach
leben, das ging natürlich nicht. Deshalb ließ er neben Schloss Albrechtsberg ein kleineres Bauwerk errichten, ebenfalls im spätklassizistischen
Stil, Villa Stockhausen genannt. 1906 stand die Villa zum Verkauf, erworben hat sie der Odol-König Karl August Lingner. Lingner hatte das Odol-
Mundwasser entwickelt und war damit zu Reichtum gelangt. Eine seiner
ersten »Amtshandlungen« nach dem Villenkauf war es, das schlichte
Wort »Villa« gegen die repräsentative Bezeichnung »Schloss« auszu-
wechseln. In seinem Testament vermachte Lingner zehn Jahre später das
Bauwerk der Stadt Dresden mit der Auflage, es »zum Besten der Bevölkerung« zu machen, an dem die Menschen »das Glück dieser Landschaft
gemeinschaftlich genießen« und nicht als »Etablissement für nur reiche
Leute«. Lingner verlangte, den Park der gesamten Bevölkerung zugänglich zu machen und im Schloss ein Restaurant mit bezahlbaren Preisen
einzurichten. Zu DDR-Zeiten war der Park zwar öffentlich, den Schlüssel
zum Schloss besaß jedoch nur der »Klub der Intelligenz«, ein Treffpunkt
von Künstlern, Wissenschaftlern und anderen Persönlichkeiten. Heute
bemüht sich ein Verein, das Lingner-Schloss zu einer Begegnungsstätte
für Kunst und Kultur, für Wirtschaft und Wissenschaft zu machen, der

Lingner-Schloss mit Weinberghang, rechts Schloss Eckberg

Die Terrasse lädt zum Verweilen ein

Park ist frei, ein Restaurant mit Biergarten hat eröffnet. Das Mausoleum von Lingner befindet sich am Fuß des Weinberghangs.

🛈 Lingner-Schloss, Bautzner Straße 132, 01099 Dresden; Tel. 0351/6 46 53 82, www.lingnerschloss.de; Straßenbahn 11 bis Elbschlösser

117 Schloss Eckberg – herrlicher Elbblick

Das dritte der Elbschlösser, ebenfalls von einem Park umgeben, unterscheidet sich von Schloss Albrechtsberg und dem Lingner-Schloss durch den neogotischen Stil. Wie eine trutzige Burg thront es hoch über der Elbe. Der Name geht auf das eckartige Terrain zurück, das der Großkaufmann John Daniel Souchay erwarb. 1859–1861 ließ er sich das formenreiche Schloss mit drei Türmen erbauen, zahlreiche Nebengebäude wie Stall- und Remisenbau und Pförtnerhäuschen kamen später hinzu. Nach

Eingebettet in die Natur: Schloss Eckberg

Gartenseite von Schloss Eckberg

Souchays Tod war seine Witwe mit der Anlage überfordert und verkaufte sie. Der letzte Besitzer vor der Enteignung nach dem Zweiten Weltkrieg, der Pharmazeut und Botaniker Ottomar Heinsius von Mayenburg, kam durch die Erfindung der Zahnpasta zu Wohlstand. Von Mayenburg schuf sich hier ein kleines Reich mit wunderschönen Garten- und Parkanlagen, für die bis zu 42 Gärtner zuständig waren. Zu DDR-Zeiten war das Haus als »Jugendtouristikhotel« jungen Menschen vorbehalten, heute lassen sich im Hotel Schloss Eckberg und dem dazugehörigen Kavalierhaus zahlungskräftige Gäste verwöhnen. Alleine der Blick von der Höhe über das Elbtal ist den Preis wert.

ℹ️ Hotel Schloss Eckberg, Bautzener Straße 134, 01099 Dresden; Tel. 0351/8 09 90, www.schloss-eckberg.de; Straßenbahnlinie 11 bis Elbschlösser

118 Villenviertel Weißer Hirsch – Promisiedlung über dem Elbtal

Mit seinem Erfolgsroman »Der Turm« hat der Autor Uwe Tellkamp das Villenviertel Weißer Hirsch oberhalb der Elbe in den letzten Jahren in den medialen Mittelpunkt gerückt. Die ARD trug mit ihrer zweiteiligen Verfilmung ebenfalls einen Großteil dazu bei. Ab 1888 war der Weiße Hirsch, benannt nach einem schon lange nicht mehr bestehenden Gasthof, zum Kurort geworden. Dr. Lahmanns Physiatrisches Sanatorium an der Bautzner Straße zog Kurgäste aus Nah und Fern an. Thomas Mann zeigte sich bei den sonntäglichen Konzerten ebenso wie Startenor Richard Tauber, die Ufa-Filmstars Grete Weiser und Heinz Rühmann sowie Oskar Kokoschka, der im Haus Rißweg 68 sein viertes Drama »Orpheus und Eurydike« und zahlreiche Gemälde schuf. Nach dem Zweiten Weltkrieg nutzte die Sowjetarmee den Sanatoriumskomplex, der gegenwärtig zum Wohnareal umgestaltet wird. Ende des 19., Anfang des 20. Jahrhunderts entstand nahe dem Sanatorium ein herrschaftlicher Villenort von internationalem Rang.

In der Zeppelinstraße hatte der »rote Baron«, wie Professor Manfred Baron von Ardenne genannt wurde, sein Domizil. Der 1997 verstorbene

Rißweg 68: Felsenburg

Wissenschaftler, in Tellkamps Roman »Baron Arbogast«, meldete mit 15 Jahren sein erstes Patent an, im Laufe seines Lebens sollten es rund 600 Patente werden. Legendenumrankt präsentieren sich das traditionsreiche Restaurant Luisenhof (s. S. 171) und die Villa San Remo in der Bergbahnstraße. Das Haus gehörte dem deutsch-amerikanischen Kameraproduzenten Charles Alfred Noble, der 1945, als die Sowjetarmee Dresden besetzte, auf seiner Villa die amerikanische Fahne hisste. Mit Lichtsignalen soll Noble die anglo-amerikanischen Bomberverbän-

de am 13. Februar 1945 über Dresden gelenkt haben. Ohne einen Beweis dafür in der Hand zu haben, wurde dies jahrzehntelang in der DDR behauptet, um zur Zeit des Kalten Krieges Hass gegen die Amerikaner schüren zu können. In dem Haus Preußstraße 10 wohnte von 1953 an, nach seiner Rückkehr aus sowjetischer Kriegsgefangenschaft, Generalfeldmarschall a. D. Friedrich Paulus. Mit den Resten der 6. Armee war er als Oberbefehlshaber auf eigene Verantwortung in Stalingrad in Kriegsgefangenschaft

Bergbahnstraße 12: Villa San Remo

gegangen. Dass Paulus nach seiner Freilassung in den kommunistischen Teil Deutschlands übersiedelte, honorierten die DDR-Oberen mit der Villa mit wunderschönem Elbblick, Bediensteten und einem West-Auto der Marke Opel Kapitän. Turm-Autor Uwe Tellkamp wohnte übrigens mit seinen Eltern im ersten Stock des Hauses Oskar-Pletsch-Straße 9, im Roman Haus »Karavelle« genannt.

ℹ️ Weißer Hirsch, 01324 Dresden; Straßenbahn 11 bis Plattleite

119 Ardenne-Sternwarte – beim »roten Baron«

Manfred Baron von Ardenne (1907–1997) ließ 1956 auf dem Weißen Hirsch eine Sternwarte mit einer drehbaren Kuppel errichten – für eigene Beobachtungen und für andere Interessierte. Der Baron konnte es sich leisten und kaufte einen Zeiss-Refraktor mit einem Objektivdurchmesser von 200 Millimetern und einer Brennweite von 3000 Millimetern. Heute gehört der Refraktor zu den Raritäten. Von den zwischen 1909 und 1911 gebauten Geräten soll es weltweit nur noch sechs Stück geben. In dem kleinen runden Haus, direkt an der Straße gelegen, können auch heutzutage Interessierte wie zu des Barons Zeiten den Sternenhimmel beobachten. Manfred von Ardenne wird als der letzte Universalgelehrte des 20. Jahrhunderts bezeichnet. Die Liste seiner Patente ist lang, so stellte er 1931 auf der Funkausstellung in Berlin das erste vollelektronische Fernsehen vor, entwickelte den für die heutige Telekommunikation erforderlichen Breitbandverstärker und erregte zuletzt mit der Sauer-

Ardenne-Sternwarte ...   ... und der Refraktor

stoff-Krebs-Mehrschritt-Therapie internationale Aufmerksamkeit. Ardenne war aber auch eine schillernde Persönlichkeit der Wissenschaft. Nach dem Zweiten Weltkrieg ging er in die Sowjetunion, wo er die Atombombe mit entwickelte. Dafür bekam er den Stalinpreis. Von dem Preisgeld baute er ein Forschungsimperium auf dem Weißen Hirsch auf, das zu DDR-Zeiten etwa 500 Mitarbeiter zählte und bis zum DDR-Ende

Manfred von Ardenne

privat blieb. Er war kein SED-Mitglied, aber linientreu. So saß er als Abgeordneter in der Volkskammer, deshalb wurde er auch als der der »rote Baron« bezeichnet.

ℹ Ardenne-Sternwarte, Plattleite 27, 01324 Dresden, www.sternwarte-dresden.de, Straßenbahn 11 bis Plattleite

120 Luisenhof – beliebtes Ausflugsrestaurant

Das Ausflugsrestaurant Luisenhof gehört zum Weißen Hirsch wie der Zwinger zur Altstadt. Namensgeberin und Taufpatin war 1894 die sächsische Kronprinzessin Luise (1870–1947), »Kaiserliche Prinzessin und Erzherzogin von Österreich, Königliche Prinzessin von Ungarn und Böhmen, Prinzessin von Toskana«. Die Tochter des letzten Großherzogs von Toskana hatte den Kronprinzen Friedrich August von Sachsen geheiratet und wäre Sachsens letzte Königin geworden – was die Scheidung verhinderte. Die Mutter von sechs Kindern begann eine Liaison mit dem belgischen Hauslehrer André Giron. Am 7. Dezember 1902 floh sie mit ihm aus Dresden, die Kinder ihrem Gemahl hinterlassend. Deutschlands Adel war entsetzt, die Sachsen waren es nicht minder. Sie standen treu hinter ihrem Königshaus. Die Affäre bereitete dem Wirt des Luisenhofs Probleme, nicht wenige forderten,

Terrasse des Luisenhofs

Aber bitte mit Sahne!

das Restaurant umzubenennen. Doch dem Wirt kam eine geniale Idee. Er ließ im Foyer ein Bild der legendären preußischen Königin Luise aufhängen und behauptete hartnäckig, nach ihr sei das Restaurant benannt. Ob sächsische oder preußische Luise – zur Erfolgsgeschichte hat der Name nicht beigetragen. Es ist vor allem die hervorragende Panoramasicht auf das Elbtal und die Kunststadt, die dem Luisenhof zudem den Beinamen »Balkon Dresdens« einbrachte. Wie ging es aber mit den Hauptakteuren weiter? Der alleinerziehende Kronprinz bestieg 1904 als Friedrich August III. den sächsischen Königsthron, den er 1918 verlassen musste. Seine Ex-Frau Luise heiratete nicht den Hauslehrer, sondern einen zwölf Jahre jüngeren Musiker, von dem sie sich ein Jahr später wieder trennte. Vom Kaiserhaus in Wien verstoßen, durfte Luise den Namen Habsburg nicht mehr tragen und starb verarmt als Blumenverkäuferin in Brüssel. Der Luisenhof dagegen blieb auf der Erfolgsleiter ganz oben: Er gehört immer noch zu Dresdens namhaftesten Restaurants.

ℹ️ Restaurant Luisenhof, Bergbahnstraße 8, 01324 Dresden; Straßenbahn 11 bis Plattleite. Zur Zeit geschlossen.

Hoch über Dresden: Restaurant Luisenhof

Eierschecke

Erich Kästner, der aus Dresden stammende Schriftsteller, behauptete: »Die Eierschecke ist eine Kuchensorte, die zum Schaden der Menschheit auf dem Rest des Globus unbekannt geblieben ist.« Die oberste Schicht der Dresdner Spezialität besteht aus cremig gerührtem Eigelb mit Butter, Zucker, Vanillepulver und schaumig geschlagenem Eiweiß. Bei der Mittelschicht handelt es sich um eine Quark-Vanille-Masse, der etwas Milch und selten Rosinen beigefügt werden. Der Boden ist ein Hefeteig. Jedes Dresdner Café, das etwas auf sich hält, hat die Eierschecke im Angebot. Die Dresdner Eierschecke – logischerweise, denn es gibt noch die Freiberger, die sich von der Dresdner dadurch unterscheidet, dass sie ohne Quark zubereitet wird und viel flacher ist. Auf deren Hefeboden kommt eine süße Eier-Schaummasse.

121 Schillerhäuschen – Wiege des »Don Carlos«

Das ockergelbe, würfelförmige Haus beherbergt Dresdens kleinstes Museum. Es erinnert an die Aufenthalte Friedrich Schillers in der Elbestadt. Es gehörte zum Weinberggrundstück Christian Gottfried Körners, Vater des patriotischen Dichters der Freiheitsbewegung, Theodor Körner, der darin die noch vorhandene Weinpresse aufstellen ließ. Friedrich Schiller betrat das Grundstück erstmals am 13. September 1785, bis zum Juli 1787 verbrachte er die Sommer hier. Der Jurist und Kunstmäzen Körner mochte Schiller und lud ihn deshalb nach Dresden ein.

In dem kleinen Haus mit der Weinpresse arbeitete der Dichter an seinem »Don Carlos«, hier entstand aber auch anderes, beispielsweise das Lustspiel »Körners Vormittag«. Die »Ode an die Freude« soll Schiller

Schillerhaus: Dresdens kleinstes Museum

hier vollendet haben, behaupten die Dresdner. Dabei ist nicht einmal erwiesen, ob es das Gartenhäuschen seinerzeit schon gab, denn bei einem Grundstücksverkauf 1818 wurde es nicht erwähnt. Eventuell wurde es während der Befreiungskriege 1813 zerstört und später wieder aufgebaut. Oder es entstand überhaupt erst um 1820. Fest steht aber, dass Friedrich Schiller sich in Körners Stadthaus sowie im Hauptgebäude von dessen Sommerwohnsitz aufhielt. Zum Entspannen ritt er bis zur Gemäldegalerie nach Dresden oder er ging zu Fuß zum Elbufer, setzte mit der Blasewitzer Fähre über und ließ sich im heutigen Schillergarten nieder. Am 20. Juli 1787 reiste Schiller aus Dresden ab, kehrte aber im Frühjahr 1792 und im Sommer 1801 jeweils für einige Wochen zu Körners nach Loschwitz zurück. Bereits 1855 brachte man an dem Häuschen ein Reliefmedaillon und eine Marmortafel an. Gegenüber, eingelassen in die Stützmauer der Schillerstraße, weihte man 1913 einen Denkmalbrunnen ein. Der zeigt links ein Relief mit Schiller, Körner und dessen damals zehnjährigen Sohn Theodor. Auf dem rechten Relief ist Theodor Körner als Lützower Jäger im Kreise der Familie zu erkennen.

ℹ️ Öffnungszeiten: April–Sept. Sa–So 10–17 Uhr; Schillerhäuschen, Schillerstraße 19, 01326 Dresden, Tel. 0351/4 88 73 70, www.museen-dresden.de; Bus 61, 63 bis Körnerplatz.

122 Leonhardi-Museum – Kunstgalerie im Loschwitzgrund

Das Haus ist sich der Aufmerksamkeit sicher: Die gesamte Fassade bedecken Sprüche und Lebensweisheiten, die vom Zeitgeist des ausgehenden 19. Jahrhunderts erzählen, beispielsweise: »Dem Verdienst ist Hochmut nicht erlaubt, denn eine volle Ähre senkt ihr Haupt« oder »Sitzt sie nicht am rechten Fleck, so ist die schönste Farbe Dreck«. Anbringen ließ die Texte der Maler und Fabrikant Eduard Leonhardi (1828–1905), der nicht sonderlich knapp bei Kasse war. Um in Ruhe malen zu können und Räume für Ausstellungen zu haben, kaufte er 1878 in Loschwitz die alte Hentschelmühle im Loschwitzgrund und ließ sie im »altdeutschen Stil« zum

Fassade voller Sprüche

In Stein gehauener Bergknappe

Hölzerne Ritterfigur

Künstlerhaus umbauen. In dem Fachwerkhaus, der heutigen Galerie für zeitgenössische Kunst, sind Bilder von Leonhardi zu sehen, es werden Ausstellungen Dresdner Künstler gezeigt, so wie es Leonhardi bestimmt hatte. Er selbst studierte an der Dresdner Kunstakademie bei dem Spätromantiker Ludwig Richter und galt als »Maler des deutschen Waldes«, ein Ruf, der seinem vielseitigen Schaffen nicht gerecht wurde. 1863 bekam Leonhardi sogar eine Professur für Malerei in Weimar angetragen. Im Garten des Hauses steht ein Gedenkstein, der an seinen Lehrer Ludwig Richter erinnert. Schon zu Lebzeiten förderte Leonhardi junge Künstler, indem er ihnen das »Rote Amsel« genannte Haus zum kreati-

Leonhardi-Museum im Loschwitzgrund

ven Arbeiten und für Ausstellungen öffnete. Zu DDR-Zeiten genoss das Ateliergebäude ein legendäres Renommee, weil hier Dresdner Künstler in Eigenregie Ausstellungen gestalteten.

ⓘ Öffnungszeiten: Di–Fr 14–18, Sa, So 10–18 Uhr; Leonhardi-Museum, Grundstraße 26, 01326 Dresden, Tel. 0351/2 68 35 13, www.leonhardi-museum.de; Bus 61, 63 bis Körnerplatz

123 Standseilbahn – in fünf Minuten bergauf oder bergab

In fünf Minuten ist das Ziel erreicht, sind 547 Meter zurückgelegt, bergauf- oder bergab. Die Standseilbahn mit einer Spurweite von 1000 Millimetern, die den Stadtteil Loschwitz mit dem Villenviertel Weißer Hirsch verbindet, ist die letzte ihrer Art in Europa und eine bedeutende touristische Attraktion. Im Herbst 1895 fuhr die dampfbetriebene Bergbahn zum ersten Mal. Gebaut hatte man sie vor allem, um Baumaterial und Kohle in die Höhe zu transportieren. Sogar Ochsengespanne und Pferdefuhrwerke schaukelte man in den Güterwagen bergauf. Ochsen waren beim Personal beliebter als Pferde, ist überliefert. Die für ihren stoischen Gleichmut bekannten Tiere scheuten nicht – im Gegensatz zu Pferden – bei den beiden düsteren Tunneldurchfahrten am oberen und unteren Streckenende. Talwärts wurden vor allem Fäkalien befördert, das aber durfte wegen des Geruchs nur in der Nacht erfolgen. Nach fünf Jahren war mit dem Güterverkehr Schluss, er war einfach zu aufwändig. Seit 1900 dient die Bahn ausschließlich dem Personenverkehr. Modernisierungen erfolgten ständig, 1910 stellte man auf elektrischen Betrieb um.

Bergstation

Den Zweiten Weltkrieg überstand die Standseilbahn ohne Schäden. Bei Bombenalarm versteckte das Personal die Bahnen in den beiden Tunneln.

ℹ Standseilbahn, Talstation: Körner-
platz in Loschwitz, 01326 Dresden,
Bergstation: Bergbahnstraße auf
dem Weißen Hirsch, 01324 Dresden,
Tel: 0351/8 57 10 11, www.dvb.de;
Talstation Bus 61, 63 bis Körner-
platz, Straßenbahn 6, 12 bis
Schillerplatz

Die Standseilbahn vor der Abfahrt

124 Bergschwebebahn – die älteste der Welt

Hunderte drängten sich am 6. Mai 1901 an der Landstraße nach Pillnitz und vor der Gaststätte »Schöne Aussicht« auf der Loschwitzhöhe, um bei der Eröffnung der Bergschwebebahn dabei zu sein. Sachsens Kronprinz Friedrich August war persönlich gekommen, um das technische Wunder zu bestaunen. Betrieben wurde die von einem dicken Stahlseil gezogene Bahn mit Dampf, auf der Loschwitzhöhe standen im Maschinenhaus zwei Dampfkessel, aber schon acht Jahre später wurde auf Elektrobetrieb umgestellt. An Beliebtheit hat die Bahn bis heute nichts verloren, sie ist zwar wie die nahe Standseilbahn in die Jahre gekommen, was ihr aber touris-tisch zum Vorteil gereicht. Sie gilt als die älteste Bergschwebebahn der Welt. Das Fahrvergnügen ist nur kurz, für die 274 Meter lange Strecke werden etwa 4,5 Minuten benötigt. Kaum hat man sich einen Fensterplatz gesucht, um die phan-tastische Aussicht zu genießen, endet die Fahrt auch schon wieder. Allen zum Trost: Von der Berg-

In etwa 4,5 Minuten schwebend zum Ziel

station hat man ebenfalls einen weiten Blick. Dort befindet sich im Turmhaus die Ausstellung »Vom Patent zur ersten Bergschwebebahn der Welt«.

ℹ Bergschwebebahn,
Talstation: Pillnitzer Landstraße 5,
01326 Dresden,
Bergstation: Oberloschwitz,
Tel. 0351/8 57 10 11, www.dvb.de;
Talstation Bus 61, 63 bis Körnerplatz,
Straßenbahn 6, 12 bis Schillerplatz

Talstation

125 Loschwitzer Kirche – mit dem Nosseni-Altar

Das Gotteshaus kam unerwartet zu einem bedeutenden Ausstattungsstück, dem Nosseni-Altar aus der nicht mehr existierenden Dresdner Sophienkirche. Die war bei der Bombardierung im Februar 1945 schwer beschädigt und später abgerissen worden. Der zerstörte Renaissance-Altar, den der Schweizer Bildhauer Giovanni Maria Nosseni (1544–1620) im Jahr 1606 für die Sophienkirche geschaffen hatte, konnte gerettet werden. Mehr als 360 aus Alabaster, Marmor und Sandstein bestehende Einzelteile wurden an verschiedenen Orten Dresdens eingelagert. 1998 führte man alle Einzelteile zusammen, fügte sie in eine Rekonstruktion

Loschwitzer Kirche

Nosseni-Altar

des Altars ein, der in der »kleinen Schwester der Frauenkirche« aufgestellt wurde. Fachleute bezeichnen die Loschwitzer Kirche so, weil am Entwurf für den ebenfalls barocken Zentralbau auch der Schöpfer der Frauenkirche, George Bähr, beteiligt war. Die Loschwitzer Kirche hatten 1945 Bomben zerstört, für ihren originalgetreuen Wiederaufbau setzten sich die Kammersänger Theo Adam und Peter Schreier ein, die auf Benefiz-

Sonnenuhr

konzerten Geld sammelten. Am 3. Oktober 1994, nach fast fünf Jahrzehnten, fand erstmals wieder ein Gottesdienst statt. Der Nosseni-Altar kam 2002 in die Kirche.

ℹ️ Loschwitzer Kirche, Pillnitzer Landstraße 7, 01326 Dresden,
Tel. 0351/2 15 00 50, www.loschwitzer-kirche.de;
Bus 61, 63 bis Körnerplatz, Straßenbahn 6, 12 bis Schillerplatz

126 Elbhangfest und BRN – bunte Stadtfeste

Farbenfroh, schillernd, lebendig, so zeigt sich eines der größten Stadtfeste Dresdens. In fünf Ortsteilen am Elbhang, von Loschwitz bis Pillnitz, wird am letzten Juniwochenende gefeiert, in Parks und Villen, auf Dorfplätzen, am Elbufer und an den Hängen. Fast sieben Kilometer lang ist die Festmeile. Über 200 verschiedene Veranstaltungen werden geboten, Konzerte ebenso wie Lesungen und Theateraufführungen, Wein- und Kaffeeausschank, Kuchenbasare, Vorträge und Führungen, lokale Handwerker bieten ihre Erzeugnisse an. Am Abend erklingt Musik, die auch mal laut über die Elbe schallt. Wenn die Feuerwerksraketen in den Himmel steigen, weiß jeder: Für dieses Jahr ist Schluss, aber zwölf Monate später kommt das neue Fest. Jedes Jahr steht es unter einem bestimmten Motto, 1996 beispielsweise lautete es »Unter italienischem Himmel, Pasta-

Elbhangfest mit Tausenden von Gästen

Stimmungsvolles Elbhangfest

Siesta-Musica«, 2013 »Mein lieber Schwan« und 2014 »Von Niederwach bis Hosterlosch – dem Pillwitz auf der Spur«. Bis zu 80 000 Besucher kommen jedes Jahr, um dabei zu sein, vor allem beim Festumzug, der von Loschwitz nach Pillnitz zieht oder beim Drachenbootfestival mit Rennen auf der Elbe.

Ein Wochenende zuvor, am 3. Juni-Wochenende, steht das BRN, die Bunte Republik Neustadt, im Veranstaltungskalender, für viele Dresdner ebenfalls ein feststehender Termin. In der Äußeren Neustadt rund um Alaun- und Louisenstraße geht es dann lebhaft zu. Die BRN bildet für manchen eine Erinnerung an den Sommer des Jahres 1990, als eine Woche vor der Währungsunion einige Alternative eine provisorische Regierung bildeten, eigenes Geld in Umlauf brachten, mit weißen Streifen die Grenzen der Republik markierten und ein großes Stadtteilfest feierten. Das blieb erhalten, hat jedoch seine politische Zielrichtung gegen Spekulationen, Mietwucher und Vertreibung der angestammten Bewohner verloren. Das BRN hat sich zum Nachbarschafts-, Kunst- und Kulturfest entwickelt, ohne einen Gesamtveranstalter. Wer etwas beisteuern möchte, und das sind nicht wenige, meldet das als Einzelveranstaltung bei der Stadt an.

Kultstatus: die BRN

ℹ️ Elbhangfest e. V.,
Tel. 0351/2 68 38 32,
www.elbhangfest.de;
www.brn-dresden.de

127 Fernsehturm – die »Elbnadel« ruht sanft

Als »Elbnadel« wird Dresdens Fernsehturm gern bezeichnet, denn er ragt 252 Meter hoch auf. 7300 Tonnen soll er wiegen, im Turmschaft führen rund 750 Stufen nach oben. Die brauchte aber keiner emporsteigen, der zur Aussichtsplattform oder zu den beiden Café-Geschossen wollte. Ab der Eröffnung im Oktober 1969 sausten in 25 Sekunden zwei Schnellaufzüge nach oben. Den

Rundblick über Dresden aus ungewöhnlicher Turmperspektive fanden die Dresdner und ihre Gäste phantastisch. Nach der Einheit Deutschlands wurde die Telekom neue Eigentümerin der »Elbnadel«, sie schloss den Turm für die Öffentlichkeit. Der Eingangsbereich ist zugemauert, das Gelände umzäunt. Die Dresdner lieben ihren Fernsehturm nach wie vor und wünschen sich eine Wiedereröffnung des »langen Kerls«. Eine Online-Petition fand im Internet statt, der Fernsehturm-Verein übergab der Stadtverwaltung mehr als 10 000 Unterschriften.

»Die Elbnadel«

Die Sanierung allein des Turm-Cafés und die Umsetzung der neuen Sicherheitsvorschriften erfordern acht bis zehn Millionen Euro, sagt die Telekom. Ein Investor hat sich bislang nicht gefunden.

ℹ️ Fernsehturm, Oberwachwitzer Weg 37, 01326 Dresden, www.fernsehturm-dresden.de; Bus 61 bis Fernsehturm

128 Carl-Maria-von-Weber-Museum – Erinnerung an den großen Musiker

»Oh Hosterwitz, oh Ruhe«, schrieb Carl Maria von Weber (1786–1826) in sein Tagebuch. In einem Weinbauernhaus im Elbweindorf Hosterwitz, das mittlerweile längst zu Dresden gehört, verbrachte der Komponist zusammen mit seiner Frau Caroline von 1818 bis 1824 mehrere Sommerwochen. Weber war seinerzeit Kapellmeister an der Dresdner Oper. In der »Komponistenstube«, wie Weber sein Arbeitszimmer im ersten Stock des Hauses nannte, entstanden große Teile der Oper »Freischütz«

Erinnerungen an ...   ... den großen Komponisten

und die Klaviermusik »Aufforderung zum Tanz«. Wenige Wochen nach der Uraufführung seiner Oper »Oberon« 1826 in London musste Weber den Taktstock für immer aus der Hand legen. Sein Tuberkuloseleiden hatte ihn, erst 40 Jahre alt, besiegt. Auf Veranlassung Richard Wagners wurde Webers sterbliche Hülle 18 Jahre nach seinem Tod von England nach Dresden überführt. Da gab es in dem Hosterwitzer Haus bereits eine kleine Weber-Gedenkstätte. Bei den anglo-amerikanischen Bombenangriffen im Februar 1945 wurde auch Webers letzte Stadtwohnung am Altmarkt 9 zerstört. Das Sommerhaus in dem Elbweindorf Hoster-

witz ist der einzige verbliebene Dresdner Wohnsitz des Musikers. Zu sehen sind die Stimmgabel, der Siegelring und die Petschaft des Meisters, die aus dem Besitz von Webers Urenkelin Mathilde stammen.

ℹ️ Öffnungszeiten: Mi–So 13–18 Uhr; Carl-Maria-von-Weber-Museum, Dresdner Straße 44, 01326 Dresden, Tel. 0351/2 61 82 34, www.museen-dresden.de; Bus 63 bis Van-Gogh-Straße

Webers Sommerdomizil

129 Top ➠ Schloss und Park Pillnitz – Sommerresidenz der Wettiner

Der Park an der Elbe erlebte viele Feste. Eines der grandiosesten fand im Jahr 1725 mit der Hochzeit von Augusta Constantia von Cosel (1708–1728), der ältesten Tochter August des Starken und seiner Mätresse Reichsgräfin Cosel, mit Heinrich Friedrich von Friesen statt. Vier Wochen lang konnten es sich die Gäste damals in Pillnitz gut gehen lassen, noch Monate danach schwärmten sie an den Königshöfen Europas

Palmenhaus

Hofküche im Schlossmuseum

davon. In Pillnitz, der einstigen Sommerresidenz des Dresdner Hofes, vereinen sich harmonisch Architektur und Natur. Weit geschwungen und von steinernen Sphinxen eingefasst, führt die große Freitreppe vom Elbufer hinauf zum Wasserpalais. Über sie schritten einst die Gäste der Wettiner, wenn sie mit Gondeln aus Dresden anreisten. Das Wasserpalais (1720–1721) bildete das erste Beispiel des damals so beliebten Chinoiserie-Stils, kurz darauf kam das spiegelgleiche Bergpalais hinzu. Beide Häuser beherbergen heute das Kunstgewerbemuseum Dresden, das europäisches Kunsthandwerk vom Mittelalter bis zur Gegenwart zeigt, Musikinstrumente und Möbel ebenso wie Keramik und Metallarbeiten. Die Anlage schließt nach Südosten das Neue Palais (1822) ab, das sich vor allem im Stil des Klassizismus zeigt, aber mit seinen geschwungenen Dächern harmonisch den Nachbarbauten anpasst. In ihm befindet sich das Schlossmuseum, in dem besonders die Hofküche mit ihrer Ausstellung zur barocken Kochkunst und die Schlosskapelle Anziehungspunkte

Das Neue Palais

Englischer Pavillon

sind. Den Schlosspark haben mehrere Generationen geschaffen. Am Anfang entstand zwischen dem Berg- und dem Wasserpalais der barocke Lustgarten mit Springbrunnen und Boskettanlage, dem oberhalb des Bergpalais der große Schlossgarten folgte. Später wurden der Englische Garten und die Nadelholzanlage mit seltenen in- und ausländischen Nadelbäumen angelegt. Als letztes folgten der nördliche Parkteil mit dem Fontänenteich sowie der Chinesische Garten, der seinen Namen von dem später errichteten Chinesischen Pavillon bekam. Das unter König Friedrich August II. erbaute Palmenhaus galt seinerzeit als das größte Gewächshaus Deutschlands, heute gehört es zu den ältesten erhaltenen Stahlguss-Glas-Bauten Europas. In ihm sind Pflanzen aus Südafrika, Australien und Neuseeland zu sehen.

ℹ️ Öffnungszeiten: Park tgl. ab 6 Uhr bis zum Einbruch der Dunkelheit, Schlossmuseum und Kunstgewerbemuseum Mai–Okt. Di–So 10–18 Uhr; Schloss und Park Pillnitz, August-Böckstiegel-Straße 2, 01326 Dresden, www.schlosspillnitz.de; Bus 63 bis Pillnitzer Platz

Bergpalais

130 Kamelie – die älteste ihrer Art nördlich der Alpen

Vier Japanische Kamelien sollen im 18. Jahrhundert in das nördliche Europa gekommen sein, eine einzige blieb erhalten, sie kann im Pillnitzer Schlosspark bewundert werden. Die dendrologische Kostbarkeit gelangte vermutlich zwischen 1770 und 1790 über London an den Dresdner Hof. In mehr als zwei Jahrhunderten wuchs sie zu einem Prachtexemplar von einer Höhe von 8,90 Metern und einem Durchmesser von fast zwölf Metern heran. Von Mitte Februar bis Mitte April erfreut sie mit bis zu 35 000 dunkelroten Blüten. Das ist das Ergebnis einer enormen Fürsorge. Einst schützten die empfindliche Pflanze im Winter Stroh- und Bastmatten, später bekam sie ein beheizbares Haus aus Holz. 1992 erhielt die Kamelie ein luxuriöses Domizil, einen 54 Tonnen schweren Stahl-Glas-Kasten mit einem Außendurchmesser von 14,35 Metern, der sich von Oktober bis Mai um sie »schmiegt«. Belüftung, Luftfeuchtigkeit, Beschattung und die Temperatur von vier bis sechs Grad Celsius regelt ein Klimacomputer. Das Schutzhaus ist fahrbar, in der warmen Jahreszeit wird es neben den Baum gerollt.

ℹ️ Öffnungszeiten Kamelienhaus: tgl. Mitte Febr.–März 10–16, Anfang–Mitte April 10–18 Uhr, Park ab 6 Uhr bis zum Einbruch der Dunkelheit; Schloss und Park Pillnitz, August-Böckstiegel-Straße 2, 01326 Dresden, www.schlosspillnitz.de; Bus 63 bis Pillnitzer Platz

Kamelie mit Winterdomizil

Schlossfähre

Die Brücken über die Elbe reichen bei weitem nicht für die Überquerung des Flusses aus, zu groß ist oftmals der Abstand von einer Brücke zur anderen. Dutzende von Fähren verkehren deshalb über die Elbe, allein im Stadtgebiet von Dresden sind es drei: die Personenfähren Tolkewitz-Niederpoyritz und Johannstadt-Neustadt sowie die Autofähre Pillnitz-Kleinzschachwitz, auch als Schlossfähre bekannt. 1721 fuhr sie erstmals und transportierte Material für den Bau von Schloss Pillnitz. Bald wurde sie auch für den Personenverkehr genutzt, aber nur in den Sommermonaten. Seit 1842 besteht ein ganzjähriger Fährverkehr, vor 100 Jahren waren es vorwiegend Pferdefuhrwerke, die übergesetzt wurden, heute sind es Autos. Bis zu acht finden auf der Fähre Platz.

i Ostufer: Leonardo-da-Vinci-Straße, 01326 Dresden, Bus 63 bis Leonardo-da-Vinci-Straße; Westufer: Berthold-Haupt-Straße, 01259 Dresden, Straßenbahn 2 bis Kleinzschachwitz

131 Weinbergkirche – Gotteshaus am Pillnitzer Elbhang

Oberlandbaumeister Matthäus Daniel Pöppelmann schuf den Zwinger, doch was die wenigsten wissen: Nach seinem Entwurf entstand auch die barocke Weinbergkirche in Pillnitz. Das von Weinstöcken umgebene Kirchlein wurde ab 1723 als Ersatz für die Pillnitzer Schlosskirche errichtet. Die war August dem Starken im Wege, sie musste der Erweiterung der Sommerresidenz weichen. Weite Wege wollte der Kurfürst den evangelischen Hofangestellten nicht zumuten, deshalb hatte er angewiesen, dass die »Erbauung einer andern (Kirche) unweit des Dorfs an der Weinbergs-Preße« erfolgen sollte. Viel Geld stellte er für das Gotteshaus offensichtlich nicht bereit, besitzt es doch als einzigen Fassadenschmuck eine Sandsteinplastik von Johann Benjamin Thomae über dem Eingang, die das kursächsische und polnische Wappen, das Monogramm AR für Augustus Rex, König August II. von Polen und die Königskrone darüber

Weinbergkirche

zeigen. Den Altar von 1648 und die Taufe trugen die Gläubigen aus der Schlosskirche in das neue Gotteshaus, dessen Innenraum lediglich rund 20 Meter mal 10 Meter misst. Bis zum Ende der Monarchie diente die Weinbergkirche den evangelischen Mitgliedern des Königshofes und der Gemeinde Pillnitz als Gebetshaus, ab 1977 fanden keine Gottesdienste mehr statt, die Kirche verfiel zusehends. Nach einer umfassenden Sanierung nach der Einheit Deutschlands ist sie wieder Teil der Kulturlandschaft Dresdner Elbtal – und erneut ein beliebtes Fotomotiv.

ℹ️ Öffnungszeiten: Mai–Anfang Okt. Sa–So 13–17 Uhr; Weinbergkirche, Bergweg 3, 01326 Dresden, www.weinbergkirche.de; Bus 63 bis Rathaus Pillnitz

Taufstein

Schloss Moritzburg

Ausflüge elbabwärts

Dresden kann sich rühmen, von einer zauberhaften Natur umgeben zu sein. Schaufelraddampfer, S-Bahn, Straßenbahn und »Lößnitzdackel« bringen die Gäste zu Zielen westlich der sächsischen Landeshauptstadt. Die Porzellanstadt Meißen, die von Menschen geschaffene Landschaft Moritzburg sowie Radebeul, wo Weinreben die Hänge hochklettern, gehören zum Muss eines Dresden-Besuches. Sachsens Könige und Kurfürsten wussten, wo es schön ist. Wo einst nur ausgesuchte Gäste eintreten durften, stehen heute die Türen für alle weit offen.

132 Karl-May-Museum – beim »Vater« von Old Shatterhand

Radebeul ist Wallfahrtsort für die Fans von Winnetou und Old Shatterhand. Die landschaftliche Lage und ein besonders mildes Klima machten die Gegend zu einer begehrten Wohnregion für Wohlhabende, zu denen auch der Bestsellerautor Karl May (1842–1912) zählte. Er gehört zu den meistgelesenen Schriftstellern deutscher Sprache. Die Bücher des Abenteuerschriftstellers wurden in rund 40 Sprachen übersetzt, die Gesamtauflage wird auf etwa 200 Millionen Exemplare geschätzt. In der stattlichen May-Villa sind seine Bibliothek, das Empfangs- und das Arbeitszimmer zu sehen. Das Villa Bärenfett genannte Blockhaus im Garten beherbergt die Indianersammlung Karl Mays und die eines seiner Bewunderer, des weit gereisten Artisten Patty Frank. Er schrieb phantasievolle Geschichten über Länder, die er bis

Grabstätte ...

... und Villa von Karl May

Indianerausstellung ...   ... im Karl-May-Museum

dahin nie gesehen hatte, was seine Leser aber nicht wussten. Denen suggerierte er, er sei mit Old Shatterhand höchstpersönlich und mit Waffen, heute Museumsstücke, durch den wilden Westen gezogen. In Wahrheit haben die Gewehre die Radebeuler Villa nie verlassen; zwei der Schießeisen hat er beim Büchsenmacher Fuchs im nahen Kötzschenbroda herstellen lassen, die Winchester »Henry 1866« kaufte er einige Jahre später. Dass der Schriftsteller schon zu Lebzeiten vermögend war, belegt auch seine Grabanlage auf dem Friedhof Radebeul-Ost in der Serkowitzer Straße. Die letzte Ruhestätte fand May unter einer Nachgestaltung des Nike-Tempels der Akropolis von Athen.

ℹ Öffnungszeiten: Di–So März–Okt. 9–18, Nov.–Febr. 10–16 Uhr; Karl-May-Museum, Karl-May-Straße 5, 01445 Radebeul, Tel. 0351/8 37 30, www.karl-may-museum.de; S 1 bis Radebeul-Ost, Straßenbahn 4 bis Schildenstraße

133 Schloss Wackerbarth – Weingenuss am Belvedere

Hinter Schloss Wackerbarth steigt der Garten terrassenförmig an, eine Freitreppe führt zum achteckigen Belvedere, die Weinreben ranken sich den Hang empor. Musik schwebt über der Landschaft, Kellner füllen Wein nach, die Gäste genießen den Augenblick. Schloss Wackerbarth ist ein Erlebnisweingut, Führungen mit Verkostungen sind im Angebot und zahlreiche Veranstaltungsreihen. Wackerbarths Weine wie Riesling, Weißburgunder oder Traminer haben einen guten Ruf, die Sekte entstehen in der klassischen Flaschengärung. Vom Belvedere schweift der Blick der Gäste auf das Schloss, das sich August Christoph Graf von Wackerbarth (1662–1734) als Alterssitz erbauen

Schloss Wackerbarth

ließ. Wackerbarth war nicht irgendwer, er stand als sächsischer Generalfeldmarschall, Reichsgraf und Staatsminister im Dienste August des Starken. Zum Schlossentwurf dürfte er günstig gekommen sein, den hatte der ihm unterstellte Oberlandbaumeister Johann Christoph Knöffel anzufertigen.

Wein wird an den Hängen des Elbtals seit rund 1000 Jahren angebaut. Der Dresdner Hof schenkte dem edlen Tropfen große Aufmerksamkeit, selbst trank man aber nur ausländische Weine. Der aus Sachsen stand bei den höheren Bediensteten und dem Bürgertum auf den Tischen. Ab 1889 endete der Weinbau jäh, die bis dahin unbekannte Reblaus hatte die Rebstöcke befallen. Um 1910 verlief die Wiederaufrebung im Elbtal erfolgreich, Schloss Wackerbarth wurde 1952 erneut zum Weingut. Vor allem nach der deutschen Wiedervereinigung erlebte die Aufrebung eine Renaissance. Die Anbaufläche an der Elbe hat sich sehr erweitert, dennoch gilt sie als klein, der Wein deshalb als exklusiv, und er ist oft teurer als der aus anderen Anbaugebieten.

ℹ️ Öffnungszeiten: Führungen mit Verkostung telefonisch erfragen; Schloss Wackerbarth, Wackerbarthstraße 1, 01445 Radebeul, Tel. 0351/8 95 50, www.schloss-wackerbarth.de; S 1 bis Radebeul-West, Straßenbahn 4 bis Schloss Wackerbarth

Weingenuss am Belvedere

134 Sächsisches Weinbaumuseum – im Lusthaus der Wettiner

Rund 500 Jahre befand sich die Hoflößnitz im Besitz der Wettiner. Auf dem Landsitz wurde dafür gesorgt, dass die kurfürstlichen Weinkeller immer gut gefüllt waren. Im Berg- und Lusthaus, 1650 unter Kurfürst Johann Georg I. errichtet und oft auch Schloss Hoflößnitz genannt, wohnten die sächsischen Herrscher, wenn sie kamen, um nach dem Rechten zu sehen. Der Fachwerkbau mit einem achteckigen Treppen-

Weinfässer

turm gruppiert sich mit Presshaus, Kavalierhaus und Weinpresse um einen Hof. August der Starke lud seine Jagdgesellschaften nach Hoflößnitz ein, veranstaltete Tanz-feste mit Weinausschank. Heute bildet das Berg- und Lusthaus das Hauptgebäude des Sächsischen Weinbaumuseums Hoflößnitz, das im Erdgeschoss Einblick in die Ge-schichte des Sächsischen Weinbaus gibt. Im Obergeschoss überrascht der kleine Festsaal mit einer barocken Kassettendecke mit Bildern von mehr als 80 exotischen Vögeln. Ebenfalls mit Holz getäfelt sind die sich anschließenden Privatgemächer des Kurfürstenpaares. Die frühbarocken Malereien gelten als Zeugnis höfischer Wohnkultur des 17. Jahrhunderts. Aus dieser Zeit stammen auch die Kachelöfen. Ebenfalls aus der Erbau-

Hoflößnitz: Berg- und Lusthaus

Kachelofen

Weinpresse

ungszeit blieb der einstöckige Teil des Winzerhauses erhalten, in dem sich einst Weinkeller, Wohnungen für Winzer sowie Stallungen befanden. Heute lässt man hier in der Gaststätte bei einem Wein aus dem Elbtal den Besuch der Hoflößnitz ausklingen.

ℹ️ Öffnungszeiten: April–Okt. Di–So 10–17, Nov.–März Di–Fr 12–16,Sa–So 11–17 Uhr; Sächsisches Weinbaumuseum Hoflößnitz, Knohllweg 37, 01445 Radebeul, Tel. 0351/8 39 83 33, www.hofloessnitz.de; Straßenbahn 4 bis Wasastraße

135 Spitzhaustreppe – 397 Stufen durch den Weinberg

Namen gibt es mehrere, die einen sprechen von der »Jahrestreppe«, die anderen von der »Himmelsleiter«, wieder andere sagen »Spitzhaustreppe«. 365 Stufen sollen es von unten, dem Eingangsportal des Weinberges »Goldener Wagen«, hinauf zum Muschelpavillon sein. Wer zählt, bemerkt die Schummelei ohne Mühe: Es sind 397 Stufen. Also verkündet eine Tafel an der entsprechenden Stelle im unteren Teil: »Damit der Volksmund recht behält, wird künftig erst ab hier gezählt. Von hier an ist es wirklich wahr, bis oben hin ergibt's ein Jahr«. Die Treppe endet nach 76 Metern Aufstieg an einem Pavillon, der als eine Art Notlösung entstand. An dieser Stelle wollte August der Starke ein Lustschlösschen errichten lassen, doch das Geld reichte gerade mal für den Pavillon.

Spitzhaustreppe

Um mit »Pavillontreppe« nicht permanent auf diese Peinlichkeit hinweisen zu müssen, wurde der Name »Spitzhaustreppe« gewählt. Zum Spitzhaus, einer heute beliebten Gaststätte, gelangt der Wanderer, wenn er von der letzten Treppe noch rund 200 Meter nach rechts weiterläuft. Fast von selbst erklärt sich der Name »Himmelsleiter«: Die Idee zu einer Treppe mitten durch einen Weinberg stammte von August dem Starken, Zwingerarchitekt Matthäus Daniel Pöppelmann musste sie entwerfen. Doch der Kurfürst ist die 397 Stufen nie nach oben gestiegen. Er verstarb, bevor er den Auftrag erteilen konnte. Erst 14 Jahre nach seinen Tod fand jemand den Bauplan, und Augusts Sohn ließ die Treppe bauen.

ℹ️ Tourist-Information: Radebeul, Meißner Straße 152, 01445 Radebeul, Tel. 0351/89 54 12, www.radebeul.de; Straßenbahn 4 bis Wasastraße

136 Lößnitzgrundbahn – Dampf auf schmalen Gleisen

»Lößnitzdackel« nennen die Einheimischen ein wenig respektlos die 750-Millimeter-Schmalspurbahn, die zwischen Radebeul-Ost und Radeburg verkehrt. Seit 1884 dampfen die Züge auf der 16,6 Kilome-

Waggon des »Lößnitzdackels«

ter langen Strecke, die durch elf Bahnhöfe bzw. Haltepunkte sowie über 19 Brücken führt und offiziell Lößnitzgrundbahn heißt. Nicht wenige kommen von weither angereist, um in einen Reisezugwagen zu klettern, der zwischen 1913 und 1932 gebaut wurde und von einer Dampflok der Baureihe 99.51-60 (IV K) gezogen wird. Das stählerne

Mit Dampf unterwegs

Ross mit einer Leistung von 200 PS ist vor mehr als 100 Jahren in Chemnitz gefertigt worden. Die Züge zuckeln wie im Erbauungsjahr mit rund 25 Stundenkilometern die Gleise entlang. »Blumen pflücken während der Fahrt verboten«, wird oft scherzhaft gerufen. Ist der Bahnhof Moritzburg erreicht, hat der Zug etwa die Hälfte der Strecke bewältigt. Die Bahn entstand seinerzeit vor allem für die Land- und Forstwirtschaft, aber auch die aufblühende Industrie in dieser Gegend war am Bau interessiert, um in Radebeul Anschluss an den Fernverkehr zu erhalten. 1992 wurde der Güterverkehr eingestellt, er war unrentabel geworden. Sechs Jahre später sollte die Strecke völlig stillgelegt werden. Der laute Protest zeigte Erfolg, die Bahn bleibt als touristischer Anziehungspunkt vor den Toren Dresdens erhalten.

▮ Kundenzentrum Moritzburg, Am Bahnhof 1, 01468 Moritzburg, Tel. 035207/8 92 90, www.loessnitzgrundbahn.de; S 1 und Straßenbahn 4 bis Radebeul-Ost

137 Top ⇒ Jagdschloss Moritzburg – barockes Kleinod

Das prachtvolle Bauwerk mit vier großen Prunksälen und über 200 Räumen bildet den Mittelpunkt der weiträumigen, von Menschenhand geschaffenen Moritzburger Teichlandschaft. Bis zum Ende des Zweiten Weltkrieges war das Kleinod sächsischer Barockarchitektur der feste Wohnsitz der Wettiner. Sein heutiges Aussehen erhielt das auf einer künstlichen Insel stehende Jagd- und Lustschloss unter August dem Starken (1694–1733), der hier manche Liebesnacht verbrachte. Aber

Federzimmer

Monströsensaal

garantiert nicht in dem Prunkbett im heutigen Federzimmer. Denn die flauschige Kostbarkeit, die der Kurfürst 1723 von einem Franzosen erworben hatte, kam erst 1830 nach Moritzburg. Etwa eine Million Federn verarbeitete man für den Baldachinhimmel und die Bettvorhänge. Der Kurfürst ließ die Bettvorhänge abtrennen und zu Wandbehängen umarbeiten, was dem Raum schließlich den Namen gab. Nach der 19-jährigen Restaurierung kam das Kleinod 2003 in einen staubdicht abgeschlossenen Raum und kann nunmehr nur durch eine Glasscheibe betrachtet werden. Zu den weiteren Kostbarkeiten im Schloss gehört das historische Porzellanquartier im Jägerturm, der einst wie auch die anderen Türme im 18. Jahrhundert königlichen Gästen als Unterkunft diente. Zu sehen ist chinesisches, japanisches und Meissener Porzellan, das August der Starke besonders liebte. Vor allem Porzellan

Schloss Moritzburg

mit jagdlichen Motiven sowie Tierfiguren wird gezeigt, denn das Schloss war Diana gewidmet, der Göttin der Jagd. Die Ausstattung gibt einen Einblick in die höfische Wohn- und Tafelkultur sowie die Jagdleidenschaft des 18. Jahrhunderts. Die Trophäensammlung gehört zu den größten Europas, darunter das fast zwei Meter breite und mit fast 20 Kilogramm Gewicht schwerste Rothirschgeweih der Welt. Nicht alle der gezeigten Trophäen gehen auf kurfürstliche oder königliche Jagderfolge in den Wäldern von Moritzburg zurück, vieles kam auch durch Ankäufe in das Schloss.

Speisesaal

Porzellanquartier

ℹ️ Öffnungszeiten: April–Okt. tgl. 10–17.30 Uhr, Führungen mit Besichtigung des Historischen Porzellanquartiers 10.30, 12.00, 13.30, 15.00 Uhr, von Nov.–Anfang März ist ausschließlich eine Ausstellung zum Kultfilm »Drei Haselnüsse für Aschenbrödel« Di–So 10–18 Uhr zu sehen; Schloss Moritzburg, 01468 Moritzburg, Tel. 03520/87 30, www.schloss-moritzburg.de; S 1 und Straßenbahn 4 bis Radebeul-Ost, weiter mit der Lößnitzgrundbahn bis Moritzburg, Bus 326 ab Bahnhof Neustadt bis Moritzburg

138 Leuchtturm – Spielzeug des Kurfürsten

Unweit des Moritzburger Schlosses steht am Bärnsdorfer Großteich ein Leuchtturm. Er gilt als zweitältester Binnenleuchtturm Deutschlands nach dem Mangenturm in Lindau am Bodensee. Der Unterschied zu diesem: Für die Navigation spielte der in Moritzburg keine Rolle, er diente lediglich Spielereien des Kurfürsten Friedrich August III. Er empfing in Dresden Admiral Alexej Grigorjewitsch Orlow, der die russische Flotte befehligte, die Anfang Juli 1770 in der Seeschlacht von Cesme die osmanische besiegte. Der Kurfürst war von dem Bericht so beeindruckt, dass er auch Seeabenteuer erleben wollte. Doch die Meere sind von Sachsen weit entfernt. Deshalb ließ er kurzerhand 1775–1776 am Bärnsdorfer Großteich eine Küstenlandschaft mit einem Hafen, einer 50 Meter langen Mole und einem 21,80 Meter hohen steinernen Leuchtturm nachbauen. Kanonen wurden aufgestellt, zwei Segelschiffe kamen aufs Wasser

Leuchtturm am Bärnsdorfer Großteich

und die Bauern der umliegenden Dörfer »durften« als Statisten des Freilichtspektakels mitwirken. Der Leuchtturm blieb im Wesentlichen unverändert erhalten. Lediglich die hölzerne Wendeltreppe im Inneren wurde durch einer stählerne mit 74 Stufen ersetzt. Das ursprünglich geschweifte Zinkdach zerstörte 1949 ein Brand. Der Turm erhielt zunächst ein neues Dach aus Schiefer, das heutige aus Kupfer wurde im Jahr 2006 aufgebracht.

▪ Öffnungszeiten: Führungen Mai–Okt. So 11–16 Uhr; Leuchtturm, 01468 Moritzburg; S 1 und Straßenbahn 4 bis Radebeul-Ost, weiter mit der Lößnitzgrundbahn bis Moritzburg, Bus 326 ab Bahnhof Neustadt bis Moritzburg

139 Fasanenschlösschen – die »Nussschale«

Sachsens kleinstes Königsschloss erlebte manch fröhliches Fest. Nach dem Freilichtspektakel am Bärnsdorfer Großteich eilten die Gäste fast immer in das nahe Fasanenschlösschen, um zu essen, zu trinken und die Nacht durchzufeiern. Und das passierte alles auf kleinstem Raum, in einer Nussschale, wie mancher sagt. Denn das Haus im damals modernen chinoisen Stil verfügt lediglich über eine Grünfläche von 13,40 Quadratmetern. Der Speisesaal im Obergeschoss bildet den größten Raum. Ansonsten nutzten die Herrscher das Fasanenschlösschen als Sommersitz und als Quartier bei Jagden. Heute erlebt der Besucher sächsische Hofkultur des 18. Jahrhunderts en miniature. Kunsthistorischen Wert be-

Fasanenschlösschen

sitzen die Wandbespannungen aus Federn, Stroh, Perlen und chinoisen Stickereien. Die Vogelpräparate auf den vergoldeten Konsolen erinnern an die von den Kurfürsten und auch heute noch betriebene Fasanenzucht, denn Jagdfasane durften auf der königlichen Tafel nicht fehlen. Der zweistöckige Pavillon, der bis zur Enteignung 1945 der sächsischen Königsfamilie gehörte, war Mittelpunkt des Fasanengartens. Federn aus der eigenen Fasanerie verwendete man auch für die Federtapete im

Intarsienzimmer

Chinesisches Eckkabinett

Schlafkabinett. Insgesamt wurden rund 250 000 Federn von Gänsen, Stockenten und Pfauen in ein Gewebe gesteckt, übereinander, wie beim Dachdecken. Die Federtapeten im Fasanenschlösschen und auch im Schloss Moritzburg sollen weltweit die einzigen ihrer Art sein.

ℹ️ Öffnungszeiten: geführte Rundgänge Mo–Fr stündlich 11–16 Uhr, Sa–So halbstündlich 11–16 Uhr, Tel. 035207/87 36 10, www.schloss-moritzburg.de; S 1 und Straßenbahn 4 bis Radebeul-Ost, weiter mit der Lößnitzgrundbahn bis Moritzburg, Bus 326 ab Bahnhof Neustadt bis Moritzburg

140 Sächsisches Landgestüt Moritzburg – rassige Hengste

Rassige Hengste, durchtrainierte Reiter, prächtige Kostüme und atemberaubende Akrobatik bieten die jährlichen Hengstparaden. Punkt 13 Uhr eröffnet traditionell der berittene Fanfarenzug mit dem Kesselpauker das Programm. Zu den Klassikern der Hengstparaden gehören die rasante »Ungarische Post", bei der die Reiter im vollen Galopp halsbrecherische Darbietungen zeigen, und das »Pushballspiel", eine Art Pferdefußball. Viele Aktionen hält die »Kosakenreiterei« seit 1970 bereit, wenn Reiter aus verschiedenen Sportvereinen über den Platz jagen. Rasant geht es weiter mit den freilaufenden Haflingerhengsten, der Springquadrille und den großen Mehrspännern. Zu den Attraktionen gehört das berittene Musikkorps des Gestüts, den Abschluss bildet traditionell die historische Postkutsche mit 16 angespannten schweren Warmbluthengsten. Die Hengstparaden des Moritzburger Landgestüts gleichen einem Volksfest, die Straßen im Moritzburger Ortskern sind gesperrt. Viele der Gäste besichtigen vor der vierstündigen Show (mit Pause) die Stallungen und den Moritzburger Herbst- und Bauernmarkt.

Touristischer Anziehungspunkt: ...

... die Hengstparaden

1815 hatte König Friedrich August I. (1750–1827) festgelegt, in Moritzburg 38 Deckhengste einzusetzen. Heute ist die Moritzburger Einrichtung das Landgestüt der Bundesländer Sachsen und Thüringen. Hier werden vor allem Hengste gezüchtet, rund 100 Zuchthengste der Rassen Sächsisches Warmblut, Sächsisch-Thüringisches Schweres Warmblut, Rheinisch-Deutsches Kaltblut und Haflinger stehen bereit. Die Hengstparaden dienen der Werbung und dem Training der Pferde,

Decurio im Galopp

die mit ihren Leistungen Züchter anregen sollen, ihre Stuten in Moritzburg decken zu lassen. Die Paraden sind aber auch ein bedeutender touristischer Anziehungspunkt. Jedes Jahr strömen etwa 30 000 Schaulustige nach Moritzburg, um dabei zu sein.

ℹ Führungen (Dauer 1 Std.) Mo–Fr 8.30–11, 13.30–16 Uhr nach vorheriger Anmeldung, Hengstparaden an 3 Tagen im Sept.; Landesgestüt Moritzburg, Schlossallee 1, 01468 Moritzburg, Tel. 035207/89 01 01, www.saechsische-gestuetsverwaltung.de; S 1 und Straßenbahn 4 bis Radebeul-Ost, weiter mit der Lößnitzgrundbahn bis Moritzburg, Bus 326 ab Bahnhof Neustadt bis Moritzburg

141 Wildgehege Moritzburg – heimische Tiere

Die Moritzburger Region war das bevorzugte Jagdgebiet der Wettiner. Damit es reichlich Wild gab, ließ Kurfürst August (1526–1586) Ende des 16. Jahrhunderts die ersten Wildgehege anlegen. Später hielt man hier auch Wölfe und Bären gefangen, die Gästen den kurfürstlichen Reichtum demonstrieren sollten, die aber auch für Tierkämpfe und Hetzjagden am Dresdner Hof gebraucht wurden. 1893 öffnete der kurfürstliche Tiergarten für alle, täglich fand eine Schaufütterung statt. 1945 wurden die Tiere durch die Sowjetarmee erlegt, Moritzburg verlor sein Wildgehege. Heute fühlen sich in den naturgemäßen,

Wolf

Wildkatze

artgerechten Quartieren vor allem heimische Tiere wohl, Rot- und Damwild ebenso wie Feldhasen und Wildkaninchen, Fischotter und Iltis, Eichelhäher, Waldkauze und Kolkraben. Ebenfalls zu sehen sind Wölfe, die heute zu den heimischen Tierarten gerechnet werden. In der sich westlich von Dresden erstreckenden Oberlausitz leben sie wieder in freier Natur. Die unter Naturschutz stehenden Tiere sind äußerst scheu und für Menschen keine Gefahr. Wölfe jagen bevorzugt altes und schwaches Wild und spielen im Ökosystem eine wichtige Rolle. Zu den »Neubürgern« in Sachsens Natur gehören der aus Nordamerika stammende Waschbär und der aus Fernost eingewanderte Marderhund. Die nachtaktiven Tiere bekommt in der Natur jedoch kaum jemand zu Gesicht, im Wildgehege Moritzburg sind sie aber zu sehen.

ℹ️ Öffnungszeiten: tgl. März–Okt. 10–18, Nov., Dez. 9–16 Uhr, Jan., Febr. Sa, So 10–16 Uhr; Wildgehege Moritzburg, Radeburger Straße 2, 01468 Moritzburg, Tel. 035207/9 97 90, www.wildgehege-moritzburg.sachsen.de; S 1 und Straßenbahn 4 bis Radebeul-Ost, weiter mit der Lößnitzgrundbahn bis Moritzburg, Bus 326 ab Bahnhof Neustadt bis Moritzburg

142 Dom zu Meißen – reiche Ausstattung

Der um 1400 fertig gestellte Dom bildet mit der Albrechtsburg ein stadtbildbeherrschendes Ensemble. Er gehört zu den stilreinsten gotischen Gotteshäusern im deutschsprachigen Raum, seine Ausstattung ist eine

Lettner im Dom

der reichsten und wertvollsten Sachsens. Die überlebensgroßen Stifter- und Patronatsfiguren im Inneren sind hervorragende bildhauerische Werke aus der Mitte des 13. Jahrhunderts, darunter an der Chor-Nordwand die Bildnisse von Kaiser Otto I. (912–973) und seiner Gemahlin Adelheid von Burgund (931–999), die gemeinsam das Bistum Meißen gründeten. Künstler, die jedes Kunstgeschichtslexikon verzeichnet, haben ihre Handschrift hinterlassen. Die Stifterfiguren fertigten in der Mitte des 13. Jahrhunderts Meister der legendären Naumburger Bildhauerwerkstatt. Das Gemälde am Laienaltar vor dem Lettner kam um 1540 aus der Werkstatt von Lucas Cranach d. Ä., dem großen Maler der Reformation. Das Triptychon in der Georgskapelle soll er im Jahr 1534 eigenhändig gemalt haben. Das Kruzifix und der Altarleuchter stammen von Johann Joachim Kändler (1706–1775), dem berühmten Dekorgestalter der Meissener Porzellanmanufaktur. Kändler hat ab 1740 im Haus Domplatz 8 gewohnt, also nur wenige Schritte vom Dom

Dom zu Meißen

entfernt. In der vorgelagerten Fürstenkapelle fand Kurfürst Friedrich der Streitbare (1370–1428) seine letzte Ruhestätte. Seine Grabtumba umgeben künstlerisch wertvolle Bronzegrabplatten, die vermutlich aus der Nürnberger Erzgießerwerkstatt Vischer stammen. In der spätgotischen Georgskapelle liegen Herzog Georg der Bärtige (1471–1539) und seine Gemahlin Barbara begraben, insgesamt befinden sich im Dom über 150 Grabdenkmale. Wer die Schöpfer sind, ist meist nicht bekannt, auch weiß man nicht, wer den Entwurf des Lettners aus der Zeit um 1260 lieferte, wer das 1524 eingebaute Chorgestühl fertigte und von wem die Sandsteinkanzel von 1591 stammt.

ℹ️ Öffnungszeiten: tgl. April–Okt. 9–18 Uhr, Nov.–März 10–16 Uhr; Dom zu Meißen, Domplatz, 01662 Meißen, www.dom-zu-meissen.de; S 1 bis Meißen-Altstadt

143 **Albrechtsburg – erstes Wohnschloss Deutschlands**

Im Frühjahr 1710 rumpelte eine Kutsche in den Burghof, begleitet von einer Eskorte Soldaten. Johann Friedrich Böttger (1682–1719) fuhr vor, der Erfinder des europäischen Porzellans. Dem einstigen Apothekergehilfen war es gelungen, gemeinsam mit dem Naturforscher Graf Ehrenfried Walther von Tschirnhaus (1651–1708) die Formel für das europäische Hartporzellan, das »weiße Gold«, zu entwickeln. Die Gründung der ersten Porzellanmanufaktur Europas hatte August der Starke am 23. Januar 1710 in einem »allerhöchsten Dekret« in lateinischer, französischer, deutscher und holländischer Sprache verkündet. Die Kunst der Porzellanfabrikation sollte unbedingt geheim bleiben, die auf einem steilen Felsen gelegene, mit der Stadt nur durch eine Brücke verbundene Albrechtsburg bot seiner Meinung nach die besten Voraussetzungen. Alle Wohnhäuser auf dem Burgberg sind zu räumen, hatte der Kurfürst befohlen. Die Mitarbeiter der Manufaktur mussten eine Verschwiegenheitserklärung unterschreiben, wer etwas über die Porzellanherstellung verriet, dem drohte lebenslange Haft. 20 bis 30 Soldaten wachten darüber, dass keine unberechtigten Personen den Burghof betraten. Aber alle Vorsichtsmaßnahmen nutzten nichts, bereits 1717 erfolgte in Wien die Gründung einer Porzellanmanufaktur, der bald weitere folgten.

Nach 153 Jahren zog die Manufaktur aus den gotischen Räumen der Albrechtsburg aus. An sie erinnern zwei Historienbilder, eins davon zeigt Böttger im Laboratorium. Insgesamt 25 dieser Gemälde schufen Professoren der Dresdner Kunstakademie 1873–1882, sie hielten wichtige Ereignisse aus der Geschichte der Wettiner und der Stadt Meißen fest, darunter die Burggründung im Jahr 929. Damit begann die urkundlich bezeugte Geschichte des Meißner Landes und damit des heutigen Sachsens. Die Burg und Meißen gelten als die Wiege des Landes. Bedeu-

Blick über die Elbe zu Albrechtsburg und Dom

Großer Saal

Wendeltreppe

tend ist ebenfalls das Jahr 1485, in dem es zur Teilung des sächsischen Staates kam, weil sich die beiden Brüder Ernst und Albrecht von Wettin zerstritten hatten. Ursprünglich wollten sie von Meißen aus gemeinsam regieren und hatten deshalb den Landesbaumeister Arnold von Westfalen (um 1425–1482) beauftragt, die Burg so umzubauen, dass der Wehrcharakter hinter dem repräsentativen Wohnen zurücksteht. Deshalb gilt die Albrechtsburg, die man in den folgenden Jahrhunderten nur noch als gelegentlichen Aufenthaltsort nutzte, heute als erstes Wohnschloss und als der bedeutendste gotische Profanbau in Deutschland. Herausragend der Große Wendelstein, eine breite, von zarten Sandsteinsäulen getragene Wendeltreppe, wie es sie bis dato nicht gegeben hatte. 1676 verlieh Kurfürst Johann Georg II. (1613–1680) zum Gedenken an Herzog Albrecht, dem Begründer der albertinischen Linie der Wettiner, den Namen Albrechtsburg.

ℹ️ Öffnungszeiten: tgl. März–Okt. 10–18, Nov.–Febr. 10–17 Uhr; Albrechtsburg Meißen, Domplatz 1, 01662 Meißen, Tel. 03521/4 70 70, www.albrechtsburg-meissen.de, S 1 bis Meißen-Altstadt

Großer Wendelstein

Fummel

Fummeln gibt es nur in Meißen zu kaufen. So wird ein knuspriges, leicht zerbrechliches Gebäck bezeichnet, das zu 90 Prozent aus Luft bestehen soll. Seine Entstehungsgeschichte erzählt man sich so: Der Kurier August des Starken soll dem Meißner Wein sehr zugetan gewesen sein. Wenn er in der Gegend weilte, ließ er sich zuweilen regelrecht volllaufen. Promille-Testgeräte gab es seinerzeit noch nicht, der Kurfürst griff zu einer List. Er befahl 1710 der Bäckerzunft zu Meißen, ein zerbrechliches Gebäck herzustellen. Konnte der reitende Bote bei seiner Rückkehr in Dresden die Fummel unversehrt vorzeigen, galt das als Beweis, dass er nüchtern war. Fummeln werden nur in der Konditorei Zieger in der Meißner Altstadt hergestellt. Das Rezept hält die Familie seit Generationen geheim, was bislang nicht schwer gewesen sein dürfte. Bis heute ist kein Fall bekannt, dass es jemand erwerben wollte. Denn ein Geschmackserlebnis bietet die Fummel nicht.

ℹ️ Konditorei-Café Zieger, Rote Stufen 5, 01662 Meißen, Tel. 03521/45 31 47, www.konditorei-zieger.de; S 1 bis Meißen-Altstadt

144 Top ➡ Porzellanmanufaktur – das berühmte Meissener

Zum populärsten Dekor hat es das Zwiebelmuster gebracht, das 1749 zum ersten Mal kreiert wurde. In jenem Jahr war es gelungen, die kobaltblaue Unterglasurfarbe in relativ gleichbleibender Qualität herzustellen. Seitdem gehören Erzeugnisse mit dem Zwiebelmuster zum Produktionsprogramm. Warum aber Zwiebelmuster? Weil eine der stilisierten Früchte, die Bambus und Lotosblüte umrahmen, als Zwiebel gedeutet wurde. Bis heute gibt es in der Welt unzählige Nachahmer des Dekors. Das Original wird deshalb seit 1888 markiert: Die Blauen Schwerter sind im Dekor, unten im Bambusstamm, zu sehen. Keine andere Manufaktur der Welt wartet mit einer solchen künstlerischen Vielfalt auf. Die Porzelliner sind in der Lage, alle Stücke aus dem reichhaltigen Fundus ihrer mehr als 300-jährigen Manufakturgeschichte zu reproduzieren. Damals wie heute entsteht in der ältesten Porzellanmanufaktur Europas alles in Handarbeit. Wie, das wird in der Erlebniswelt Haus Meissen in Schauwerkstätten demonstriert. Dreher und Former zeigen an ihrem Arbeitsplatz, wie reliefierte Tassen gedreht und Figurenteile ausgeformt werden, der Bossierer fügt einzelne Teile zu einer Figur zusammen, die als Modell vor ihm steht. Die Unterglasurmalerei wird am Beispiel des berühmten Zwiebelmusters vorgeführt, die

Aus der Serie »Pariser Ausrufer«, um 1745   »Der kleine Muck«, 1955

Aufglasurmalerin zeigt, wie sie Blumen und Motive nach ostasiatischen Motiven aufbringt.

Nach 153 Jahren zog die Manufaktur von der Albrechtsburg in ihr heutiges Domizil im Triebischtal. Vieles, das aus der Stadt Meißen in die Welt reist, ist einmalig, sowohl in der Service-Gestaltung als auch in der Figurenplastik. Einmalig ist auch, dass ein Produktionsbetrieb ein eigenes Bergwerk besitzt, um einen wichtigen Rohstoff selbst zu fördern: Zur Porzellanmanufaktur Meissen gehört die Grube im nahen Seilitz, das wohl kleinste Bergwerk Europas, in der der Hauptrohstoff Kaolin abgebaut wird.

ℹ️ Öffnungszeiten: tgl. Mai–Okt. 9–18 Uhr, Nov.–April 9–17 Uhr; Erlebniswelt Haus Meissen, Talstraße 9, 01662 Meißen, Tel. 03521/46 82 08, www.meissen.com; S 1 bis Meißen-Triebischtal

Schauwerkstatt: Aufglasurmalerei

Basteibrücke

Ausflüge elbaufwärts

Ein fabelhaftes Naturkunstwerk, ein Märchen aus Stein hat die Natur östlich von Dresden erschaffen. Eine Stunde maximal benötigt die S-Bahn, die Schaufelraddampfer auf der Elbe etwas länger, um die bizarre Landschaft von Dresden aus zu erreichen. Vor weit über 200 Jahren bezauberte das Elbsandsteingebirge die Schweizer Maler Adrian Zingg und Anton Graff, die in Erinnerung an ihre Heimat von der »Sächsischen Schweiz« schwärmten. Heute sind es Tausende Urlauber und Tagestouristen, die diese Landschaft begeistert.

■■■■■■■■■■■■■■■■■■■■■■■■■■■■■■■■■■■■■

145 Schloss Weesenstein – verkehrte Welt

Am Schloss in Weesenstein wurde 700 Jahre lang gebaut, entstanden ist nicht nur eines der schönsten Schlösser Sachsens, sondern wohl auch das eigenwilligste. Denn wo sonst noch befinden sich der Festsaal auf dem Dachboden, die Pferdeställe im fünften Stock und die herrschaftlichen Wohnräume darunter? In dem Schloss, das Baustile von der Gotik bis zum Klassizismus prägen, scheint vieles auf dem Kopf zu stehen, es ist ein architektonisches Kuriosum. Den ältesten Teil verkörpert der um 1300 entstandene Rundturm, in den Jahrhunderten danach hat man Burg und Schloss von der Felskuppe aus von oben nach unten erweitert.

Das führte dazu, dass sich der Turm fünf Etagen über dem viel später gebauten klassizistischen Wintergarten befindet.

Die Wettiner erwarben die Anlage 1830, da war der schönste Raum, der Festsaal, bereits fertig. Mit seiner üppig stuckierten Decke und den kostbaren französischen Ledertapeten begeistert er, wie die original erhaltene Schlosskapelle mit der hölzernen Einrichtung von 1738–1741, auch heutige Besucher. Die königlichen Gemächer sind neben wertvollen Tapeten mit Möbeln und Kunsthandwerk des 18./19. Jahrhunderts ausgestattet.

Schloss Weesenstein

Schlosskapelle

Vor allem König Johann von Sachsen (1801–1873) hielt sich von 1838 bis 1873 gern im Schloss auf, wo er sich in Ruhe mit der Literatur beschäftigen konnte. Auf Weesenstein übersetzte er unter dem Pseudonym Philalethes große Teile von Dantes Werk »Göttliche Komödie«.

Chinasalon

i Öffnungszeiten: April–Okt. tgl. 9–18, Nov., Dez., Febr.–März Di–So 10–17, Jan. Sa–So 10–17 Uhr; Schloss Weesenstein, Am Schlossberg 1, 01809 Müglitztal, OT Weesenstein, Tel. 035027/62 60, www. schloss-weesenstein.de; S 1, S 2 bis Heidenau, weiter mit Müglitztalbahn SB 72 Richtung Altenberg bis Haltepunkt Weesenstein

146 Barockgarten Großsedlitz – bewundernswerte Gartenbaukunst

Die Anlage gilt als eine der schönsten Kreationen französischer Gartenbaukunst auf deutschem Boden und als der großartigste Park aus der Zeit von August dem Starken. Sein heutiges Aussehen bekam der Park 1723–1726, nachdem ihn August der Starke von seinem Staatsminister Graf von Wackerbarth erworben hatte. Das Parterre zwischen der Unteren Orangerie und der »Stillen Musik« – einem von einer doppelläufigen Treppenanlage eingerahmten Fontänebecken mit geschwungenen Balustraden und musizierenden Putten – wird als »Festsaal des Gartens« bezeichnet. In der Oberen und der Unteren Orangerie überwinterten bei Temperaturen von fünf bis acht Grad Celsius 1250 Orangenbäumchen. Großsedlitz war für die Stiftungsfeste des polnischen Weißen-Adler-

Barockgarten

Ordens bestimmt, am 3. August 1727 hatte August der Starke zum einzigen Mal dazu eingeladen. Man amüsierte sich bei Spiel und Tanz, auf den Wegen promenierten Damen in steifen Reifröcken und Herren mit langen Perücken. Nach dem Tod des Kurfürsten und Königs führte sein Sohn diese Tradition weiter. Nach 1750 verfiel die Anlage. Die Friedensburg musste abgetragen werden, 1872–1874 entstand ein kleineres Bauwerk, das Friedrichschlösschen. Von den einst 360 Sandsteinskulpturen blieben lediglich 52 erhalten. Um die Bepflanzung wie anno dazumal durchführen zu können, nutze man Archivpläne. In der warmen Jahreszeit zieren mehr als 400 Kübelpflanzen das Untere und Obere Parterre. Vieles sieht heute immer noch wie zu Zeiten der Kurfürsten aus.

ℹ Öffnungszeiten: April–Aug. tgl. 8–20, Sept.–März bis zum Einbruch der Dunkelheit, maximal bis 20 Uhr; Barockgarten Großsedlitz, Parkstraße 85, 01809 Heidenau, OT Großsedlitz, Tel. 03529/5 63 90, www.barockgarten-grosssedlitz.de; S 1, S 2 bis Heidenau-Großsedlitz, weiter zu Fuß ca. 20 Minuten bergauf entsprechend der Markierung roter Punkt

Obere Orangerie Großsedlitz

147 Richard-Wagner-Museum – Erinnerung an ein Genie

In einem Bauernhaus am Rande Dresdens skizzierte Richard Wagner (1813–1883) seine Oper »Lohengrin«. 1846 verbrachte der große Musikdramatiker drei Sommermonate im Schäferschen Gut in Graupa, dem heutigen Lohengrinhaus. »Gott sei Lob, ich bin auf dem Lande (…) Ich wohne in einem gänzlich unentweihten Dorfe, – ich bin der erste Städter, der sich hier eingemiethet hat (…)«, schrieb Wagner an seinen Freund Karl Gaillard. Wagner, damals Königlich-Sächsischer Kapellmeister in

Dresden, und seine erste Frau Minna hatten zwei bescheidene Zimmer im Obergeschoss des Bauernhauses gemietet. Seine Opern »Rienzi«, »Der fliegende Holländer« und »Tannhäuser« erlebten in der Elbestadt ihre Uraufführung. 1881 besuchte Wagner mit seiner zweiten Frau Cosima und den Kindern Siegfried und Eva nochmals das Dorf am Fuße des Borsberges. Er wollte ihnen zeigen, wo er am »Lohengrin« gearbeitet hatte. Der durfte in Dresden nicht aufgeführt werden, weil sich Wagner an den revolutionären Ereignissen im Jahr 1849 beteiligt hatte und man ihn steckbrieflich suchte. 1907 entstand in dem Bauernhaus eine Gedenkstätte für Richard Wagner, heute die älteste authentische, museal genutzte Wagner-Wohnstätte im Osten Deutschlands. Im nahen barocken Jagdschloss – 1755 hatte sich Kurfürst Friedrich August II. das vorhandene Rittergut umbauen lassen – wird eine Dauerausstellung über das Musikgenie gezeigt. Am Lohengrinhaus beginnt

Lohengrinhaus in Graupa

der Richard-Wagner-Kulturpfad,

Wagners Arbeitszimmer ...   ... und Privatgemach

ein Weg, auf dem Wagner gern wanderte. Der führt auch zum drei Kilometer entfernten Liebethaler Grund mit dem bronzenen Richard-Wagner-Denkmal (1933).

ℹ️ Öffnungszeiten: Mi–Mo 10–16 Uhr, Richard-Wagner-Stätten, Richard-Wagner-Straße 6, 01796 Pirna, OT Graupa, Tel. 03501/4 61 96 50, www.wagnerstaetten.de; Bus 63 bis Tschaikowskiplatz.

148 **Pirnas Marktplatz – fast wie zu Canalettos Zeit**

1753–1756 bekam Bernardo Bellotto, genannt Canaletto, als Königlicher Hofmaler den Auftrag, Pirnas Stadtansicht in Gemälden zu verewigen. »Canaletto sei Dank!«, sagen die Pirnaer noch heute. Der bedeutende venezianische Vedutenmaler, 1747 nach Dresden gekommen, war bis dahin mit hervorragenden Gemälden italienischer Städte in Erscheinung getreten. Von Pirna, der einzigen Kleinstadt unter seinen Werken, schuf er insgesamt elf große Ansichten. Pirna, heute 39 000 Einwohner

Marktplatz in Pirna

zählend, stellte Canaletto somit in eine Reihe mit Metropolen wie Rom, Warschau, Dresden und Mailand. Sämtliche Pirna-Bilder sind erhalten geblieben. Die Canaletto-Werke zeigen, dass sich viel von dem kleinstädtischen Aussehen des 18. Jahrhunderts erhalten hat. Das Rathaus blieb nahezu unverändert, ebenfalls das Bürgerhaus von 1520, Marktplatz 7, das als das erste Renaissancegebäude Sachsens gilt. Heute trägt es den Namen von Canaletto, weil dieser es in den Mittelpunkt eines seiner Bilder rückte. Festgehalten hat Canaletto auch die Stadtkirche St. Marien, eine der großartigsten spätgotischen Hallenkirchen Sachsens, die durch Raumweite, harmonische Proportionen und reiche Deckenmalerei begeistert. Auffallend ist das über 19 Meter hohe Dach. Das Bild vom Pirnaer Marktplatz besitzt die Gemäldegalerie Alte Meister in Dresden.

> ℹ Tourist-Service: Am Markt 7 (im Canaletto-Haus), 01796 Pirna,
> Tel. 03501/55 64 47, www.tourismus.pirna.de; S1 und S2 bis Pirna

---

Rathausuhr

Zwei Löwen stoßen beim Glockenschlag mit den Pranken kräftig gegen den Birnbaum und bewegen dazu ihre Zunge, der rechte Löwe viertelstündlich, der linke Löwe zu jeder vollen Stunde. Die Kunst-Uhr mit der schwarz-goldenen Kugel als Mondphasenuhr über dem Zifferblatt und dem plastisch gestalteten Stadtwappen darunter hängt schon seit Jahrhunderten an der Ostseite des Pirnaer Rathauses. 1612 hat Hans Fleck die Uhr wieder in Gang gebracht, 1717–1718 tauschte man die hölzernen Figuren durch kupferne aus. Vergoldet und bemalt wurden Zifferblatt, Kugel und Stadtwappen 1776. Die Uhrzeiger haben schon manchen verwirrt: Im Gegensatz zu den Uhren unserer Tage besitzt die Rathausuhr ein Renaissance-Zifferblatt, bei dem der lange Zeiger die Stunden und der kleine Zeiger die Minuten anzeigt.

---

149 Top ➡ Bastei – naturgeformte Attraktion aus Sandstein

Der Blick vom Bastei-Felsen gehört zum touristischen »Muss« im Elbsandsteingebirge. Autofahrer erreichen ihn über Lohmen im Norden, Parkplätze liegen entlang der Basteistraße. Die meisten Besucher gehen jedoch in Kurort Rathen von einem Schaufelraddampfer an Land oder fahren mit der S-Bahn und setzen mit der Fähre über die Elbe. Weiter geht es auf dem Basteiweg nach oben. Der schlängelt sich durch die Fel-

Basteibrücke

sengasse, vorbei am aufragenden Mönchstein zur Felsenburg Neurathen, einem mittelalterlichen, im 15. Jahrhundert geschleiften Rittersitz. Durch das Neurathener Felsentor führt der Weg weiter über die 76 Meter lange und drei Meter breite steinerne Basteibrücke, die seit 1851 die 40 Meter tiefe Schlucht Mardertelle überspannt. Immer wieder bieten sich weite Blicke ins Elbtal und auf steile Kletterfelsen, die phantasievolle Namen wie Lokomotive, Mönch oder Kleine Gans tragen. Der Höhepunkt der Sächsischen Schweiz kostet keinen Eintritt, auch Öffnungszeiten gibt es nicht, die Bastei ist ganzjährig zu jeder Zeit begehbar. Vom Aussichtspunkt der Bastei schweift der Blick über die 190 Meter tiefer fließende Elbe, den Kurort Rathen und den Tafelberg Lilienstein. Die großartige Landschaft entstand in der Kreidezeit vor rund 100 Millionen Jahren, als weite Teile Mitteleuropas von einem Meer bedeckt waren, in dem sich Sand ablagerte, der sich allmählich zu einer Steinplatte verdichtete. Tektonische Bewegungen, vor allem im Tertiär, führten zu senkrechten Rissen und Klüften und zum Entstehen des zauberhaften Gebirges. Regen, Sonne und Wind haben sich danach als Künstler der bizarren

Blick vom Basteifelsen

Gebilde betätigt. Bereits im 14. Jahrhundert betrieb man die ersten Steinbrüche. Der Tourismus setzte ein, als ab 1837 eine mühelose Anreise von Dresden mit Dampfschiffen und ab 1851 mit der Eisenbahn möglich wurde. Das erste Gasthaus auf der Bastei öffnete bereits 1826, zuvor hatten Einheimische durstige und hungrige Wanderer aus dem Tragkorb heraus versorgt.

> **i** Tourist-Information: Schloss Lohmen, 01847 Lohmen, Tel. 03501/58 10 24, www.lohmen-sachsen.de

150 Felsenbühne Rathen – zauberhaftes Naturtheater

»Europas schönstes Naturtheater« ist vielfach zu lesen; hinzugefügt werden sollte noch: Und mit rund 2000 Sitzplätzen gehört die Felsenbühne Rathen auch zu den größten Freilichttheatern Deutschlands. Die einzigartige Lage unweit der Bastei, umgeben von einer natürlichen Felskulisse, zieht seit Jahrzehnten Besucher an. Rund 40 000 sind es jedes Jahr, die von Mitte Mai bis Mitte September Abenteuer, Romantik und schöne Stimmen auf der Bühne erleben. Sie lauschen der Musik zum »Freischütz« von Carl Maria von Weber, schauen auf Aschenputtel, wenn es von seinem Prinzen träumt, erschrecken, wenn Winnetou mit dem Pferd über die Bühne galoppiert oder Old Shatterhand den Revolver knallen lässt. Zu den traditionellen Aufführungen gehören auch

Zauberhafte Kulisse: Felsenbühne Rathen

Bis zu 90 Vorstellungen ...   ... in jeder Saison

»Hänsel und Gretel« und »Carmina Burana«. Bis zu 90 Vorstellungen stehen in jeder Saison auf dem Spielplan. Die erste Aufführung auf der Felsenbühne am oberen Ende des Wehlgrundes, zwischen den Felsen Kleine Gans und Großer Wehrturm, fand am 24. Mai 1936 statt. Rund 200 Einwohner von Rathen wirkten damals auf und hinter der Bühne mit, seit 1954 bespielen die Landesbühnen Sachsen das Freilichttheater. Die Zuschauer kommen überwiegend mit der S-Bahn, setzen in Rathen mit der Fähre über und wandern gemütlich zum Theater, andere nutzen den Theaterbesuch zu einem Ganztagsausflug und reisen mit einem der historischen Schaufelraddampfer an.

ℹ Felsenbühne Rathen, Amselgrund 7, 01824 Kurort Rathen, Tel. 035034/7 77 70, www.felsenbuehne-rathen.de; S 1 bis Rathen, übersetzen mit der Fähre

151 Lilienstein – grandiose Panoramaaussicht

Der einzige rechtselbische Tafelberg avancierte zum Symbol des Nationalparks Sächsische Schweiz. Der markante Berg weckte schon das Interesse August des Starken. Der wollte 1708 auf den Lilienstein, um aus ungewöhnlicher Perspektive die Festung Königstein zu betrachten. Doch Klettern kam für den doch etwas korpulenten Kurfürsten von Sachsen und König von Polen nicht in Frage, also schlug man seinetwegen auf der Südseite Stufen in den Sandstein. Über diese erreichen bis heute alle Besucher auch das seit 1873 bestehende Gasthaus auf dem Gipfel. Später ließ der Wirt auf der Nordseite ebenfalls einen Aufstieg anlegen. Drei Säulen zieren den Gipfel. Eine 1865 errichtete Triangulationssäule für die Landesvermessung und ein

Triangulationssäule

Rechtselbischer Tafelberg: der Lilienstein

1889 aufgestellter, 16 Meter hoher Obelisk. Den stiftete der Gebirgsverein aus Anlass des 800-jährigen Bestehens des sächsischen Herrscherhauses. Damit auch ja keiner vergisst, dass der »dicke August« einst nach oben kletterte, kam noch ein vier Meter hoher Obelisk hinzu. Ausgerechnet den zerstörte 1966 ein Blitz. 2008 war dann so viel Geld zusammen, dass man eine Nachbildung einweihen konnte.

Wer sich aufmerksam umschaut, wird feststellen: eine Seilbahn führt hoch zum Gasthaus. Die ist jedoch ausschließlich für Versorgungsgüter bestimmt. Also bleibt nur der Aufstieg zu Fuß, der Weg auf der Südseite ist mit seinen 595 Stufen anstrengender als der auf der Nordseite mit 352 Stufen. Oben angekommen sind die meisten außer Puste und streben dem Gasthaus zu. Damit es zu keiner Enttäuschung kommt: Geöffnet ist nur von April bis September täglich 10–19 Uhr. Nicht vergessen werden sollte, die grandiose Panoramaaussicht zu genießen, die sich von der Westspitze bietet.

i Tourismusverband Sächsische Schweiz, Bahnhofstraße 21, 01796 Pirna, Tel. 03501/47 01 47, www.saechsische-schweiz.de; S 1 bis Königstein, übersetzen mit der Fähre

152 Top ➠ Festung Königstein – Freilichtmuseum auf hohem Felsen

240 Meter über der Elbe thront auf einem Tafelberg die Festung Königstein. Die mächtige Burg wurde nie erobert oder zerstört. Rund 200 Soldaten lebten mit ihren Familien auf dem Königstein. Die mit Kanonen

Die Festung Königstein aus der Vogelperspektive

bestückten Mauern sind bis zu 42 Meter hoch, dazu kommen noch steile Sandsteinwände. In unruhigen Zeiten zogen sich die sächsischen Kurfürsten mit ihren Schätzen auf den Königstein zurück, der auch lange Zeit als gefürchtetes Staatsgefängnis Sachsens diente. Der »Goldmacher« Johann Friedrich Böttger, der Sozialist August Bebel und der Dramatiker Frank Wedekind waren einige der prominenten Häftlinge. Freiwillig kam der Schornsteinfeger Sebastian Abratzky aus Mehlis bei Oschatz. Der 18-Jährige kletterte am 19. März 1848 aus Übermut ohne Hilfsmittel den Fels hinauf. Als er in die bis dahin als uneinnehmbar geltende Festung einstieg, gab es allerdings keine anerkennenden Worte zur Begrüßung. Abratzky musste zwölf Tage in den Arrest. Heute kann die 9,5 Hektar große Anlage mit einer Ummauerung von 1800 Metern Länge als größtes wehrgeschichtliches Freilichtmuseum Europas besichtigt werden.

Festungsmauer

Kartaune auf Lafette

Hervorragend gesichert

Friedrichsburg

Die Alte Kaserne von 1589 soll der älteste Kasernenbau Deutschlands sein. Der von Freiberger Bergleuten 1563–1569 geteufte Brunnen mit einer Tiefe von 152,50 Metern gilt als technische Meisterleistung der damaligen Zeit. In unseren Tagen braucht sich niemand mehr nach oben zu quälen. Die Besucher lassen sich mit zwei Personenaufzügen oder von der Stadt Königstein mit dem Festungs-Express auf das Plateau bringen.

ℹ Öffnungszeiten: tgl. April–Sept. 9–20, Okt. 9–18, Nov.–März 9–17 Uhr; Festung Königstein, 01824 Königstein, Tel. 035021/6 46 07, www.festung-koenigstein.de; S 1 bis Königstein

Malerweg

Die eigenwillige Landschaft nahe Dresden zog viele Künstler an, sie malten im Liebethaler Grund bei Pirna, in Schmilka und auf der Festung Königstein. Heute sind 112 Kilometer mit einem geschwungenen »M« auf weißem Quadrat als Malerweg markiert. Der Wanderweg beginnt  am Eingang des Liebethaler Grunds bei Pirna, führt auf dem rechtsseitigen Elbufer über die Bastei, Hohnstein und die Neumannmühle zur Schmilkaer Wassermühle (s. Foto), auf dem anderen Elbufer zum Pfaffenstein, der Festung Königstein und weiter nach Pirna. Acht Tagesetappen werden empfohlen. Rund 70 Gastgeber mit dem Zertifikat »Wanderfreundlich am Malerweg« bieten Übernachtung für nur eine Nacht an, sind beim Gepäcktransfer behilflich und stellen Lunchpakete bereit.

ℹ Tourismusverband Sächsische Schweiz, Bahnhofstraße 21, 01796 Pirna, Tel. 03501/47 01 47, www.malerweg.de

153 Burg Hohnstein – geschichtsträchtiger Bau

Kein Feind hat jemals die Burg in Hohnstein erstürmt, aber auch die hier Gefangenen hatten keine Chance, befreit zu werden. Unzählige gruselige Geschichten ranken sich um die auf einem Sandsteinfelsen über dem Polenztal thronende Burg, so vom Bärengraben, den Kurfürst Christian II. (1583–1611) anlegen ließ. Die Einwohner erzwangen 1756, den Graben zuzuschütten, weil wiederholt Bären ausgebrochen waren, die für Angst und Schrecken im Ort sorgten. Die Burg war als böhmische Grenzfeste zur Markgrafschaft Meißen entstanden, vermutlich bereits vor dem Jahr 1200. 1443 kam sie zu Kursachsen, die Wettiner gingen von hier aus auf die Jagd. In den folgenden Jahrhunderten diente sie als Verwaltungssitz und Gefängnis. 1925 wurde Burg Hohnstein Jugendherberge, mit rund 1000 Schlafplätzen galt sie als die größte Deutschlands. Unter »1933/34« steht in der Burgchronik: Konzentrationslager, etwa 5600 politische Gefangene. Der erste Häftling war der Sozialdemokrat und Jugendherbergsleiter Konrad Hahnewald. Er hatte bei der Besetzung der Burg durch die SA das Hissen der Hakenkreuzfahne verweigert. Die Inhaftierten erlebten eine menschenunwürdige Behandlung mit Folterungen, einige wählten aus Verzweiflung den Freitod. Sie sprangen aus dem Fenster oder stürzten sich über die Burgmauer 80 Meter in die Tiefe.

Turmhaus

Blick von der Burg

Hoch auf einem Sandsteinfelsen thronend: Burg Hohnstein

Unter »Zweiter Weltkrieg« verzeichnet die Chronik: Kriegsgefangenen-
lager, Soldaten aus zwölf Nationen waren inhaftiert. 1949 kamen endlich
wieder Mädchen und Jungen auf die Burg, und so ist es bis heute – 1997
wurde die Burg zum Naturfreundehaus.

ℹ️ Öffnungszeiten Burgmuseum: April–Okt. tgl. 10–17 Uhr; Burg Hohnstein, Markt 1,
01848 Hohnstein, Tel. 035975/8 12 02, www.burg-hohnstein.info

154 Burg Stolpen – das Cosel-Gefängnis

Durch die legendäre Reichsgräfin von Cosel (1680–
1765), die »sächsische Pompadour«, gelangte die
Wehranlage zu Ruhm. 49 Jahre lang, bis zu ihrem
Tod, lebte sie eingesperrt auf der Burg Stolpen.
Die Gräfin, als Anna Constantia von Brockdorff
geboren, gehört zu den schillerndsten Gestalten der
sächsischen Geschichte. August der Starke holte sie als Mätresse nach
Dresden. Die Gräfin war aber nicht nur schön, sondern auch der Macht
verfallen. Zunehmend mischte sie sich in die Regierungsgeschäfte ein.
Ihrem Liebhaber rang die Cosel ein schriftliches Eheversprechen ab.
Nach sieben Jahren wollte August der Starke, der Gräfin überdrüssig
geworden, sie loswerden. Die aber flüchtete mit dem Schriftstück im
Gepäck. Der Kurfürst ließ sie gefangen nehmen und Weihnachten 1716
auf die Burg Stolpen bringen. Im Johannisturm, in dem die Gräfin

Schreibtisch der Cosel

Burgkapelle

einst lebte, erinnert eine Ausstellung an die prominente Gefangene. Ihr Grab wurde 1881 in den Resten der Kapelle im Burghof IV entdeckt. Der 1608–1630 in den Fels getriebene Brunnen vor der Kapelle gilt mit seinen 82 Metern als der tiefste Basaltbrunnen der Welt. Napoleon ließ

Blick auf die Burg Stolpen

1813 viele Bauten der 1218 erstmals genannten Burg sprengen, dennoch zählt sie mit ihren größtenteils Anfang des 16. Jahrhunderts entstandenen Gebäuden zu den am besten erhaltenen Wehranlagen Sachsens.

ℹ️ Öffnungszeiten: tgl. April–Okt. 9–18, Nov.–März 10–16 Uhr; Burg Stolpen, Schlossstraße 1, 01822 Stolpen, Tel. 035973/2 34 10, www.burg-stolpen.de

155 Kirnitzschtalbahn – Fahrt in den Nationalpark

Die Kirnitzschtalbahn ist Deutschlands einzige Straßenbahn ohne Liniennummer und die einzige, die durch einen Nationalpark führt. Hinter der Kurpromenade in Bad Schandau startet die ausschließlich für den Touristenverkehr gebaute elektrische Überlandstraßenbahn. Gemächlich rollt sie seit 1898 durch das wildromantische Kirnitzschtal, im Sommer im 30-Minuten-Takt, im Winterhalbjahr alle 70 Minuten. Manchmal aber spielt ihr die Natur einen Streich. Hochwasser richtete wiederholt schwere Schäden an, im Sommer 2014 war es ein riesiger herabgerutschter Felsblock kurz hinter dem Ortsausgangsschild von Bad Schandau, der die Bahn zum Pausieren zwang. Von allen sieben Haltepunkten führen Wanderwege hinein in die geschützte Natur der Sächsischen Schweiz, hin zu Felsen mit solch ungewöhnlichen Namen wie Affen- oder Schrammsteine. Endpunkt der Bahn nach acht Kilometern und 32 Minuten Fahrt ist der kleine Lichtenhainer Wasserfall, die künstliche Anstauung eines Bergbaches. Von hier führt ein steiler Anstieg zum Kuhstall, einem elf Meter hohen, 17 Meter breiten und 24 Meter tiefen Felsentor. Oder man wandert zur Schauanlage Neumannmühle, einer Säge- und Holzschliffmühle aus dem 14. Jahrhundert.

Endhaltestelle der Kirnitzschtalbahn

Neumannmühle

Kirnitzschtal

Eine Verlängerung der Bahn in Bad Schandau bis zur Elbe und von der jetzigen Endhaltestelle bis zur Neumannmühle steht im Plan. Von Anfang an fährt sie mit Elektrizität, bereits seit 1994 werden 30 Prozent der benötigten Energie aus Solarzellen gewonnen. Doch nicht auf allen Gebieten hat die moderne Zeit Einzug gehalten: Fahrkarten gibt es nicht vom Automaten, die werden nach wie vor beim Fahrer erworben, und manchmal verkauft sie sogar ein Schaffner. Das allerdings nur einmal im Jahr – zum jährlichen Kirnitzschtalfest, wenn es einen besonders großen Andrang von Fahrgästen gibt.

ℹ️ Verkehrsverbund Oberelbe, Tel. 0351/8 52 65 55, www.oberelbetours.de, www.vvo-online.de

Nationalpark Sächsische Schweiz

Das Wanderwegenetz in der Sächsischen Schweiz hat eine Gesamtlänge von 1200 Kilometern, das Gebirge ist das größte Klettergebiet im Osten Deutschlands. Freigegeben zum Felsklettern sind etwa 1100 Gipfel mit rund 20 000 verschiedenen Aufstiegen. Seit 1913 besteht ein regionaler Ehrenkodex für das Klettern am weichen Sandstein, so dürfen beispielsweise keine Haken als

Steighilfe angebracht werden, weil sie die Wände zerlöchern. Die letzte DDR-Regierung erklärte 1990 zwei große Teile der einmaligen Naturlandschaft zum Nationalpark. Die Bastei wurde bereits 1938 als erste Region des Gebirges unter Naturschutz gestellt. Der Schutzstatus verhinderte beispielsweise den geplanten Bau einer Bergbahn. Im Nationalparkzentrum in Bad Schandau gibt es ausführliche Informationen, insgesamt bestehen 14 Informationsstellen, die zu unterschiedlichen Themen Auskunft geben.

Ortsregister

Personenregister

Sachregister

Kartografie und Bildnachweis

S. 2/3: Fotolia

S. 238/239: © OpenStreetMap contributors; Lizenz: ODbL Kartenerzeugung Lars Lingner, www.lingner.eu

 mapwebbing

231 Fotos von Kerstin Sucher und Bernd Wurlitzer, ferner:

Coverfoto: Freesurf - Fotolia.com

S. 21: Staatliche Kunstsammlungen Dresden

S. 22, 23 beide: Staatliche Kunstsammlungen Dresden (David Brandt)

S. 24 oben: Staatliche Kunstsammlungen Dresden (Hans-Peter Klut, Elke Estel)

S. 24 unten rechts: Hotel Taschenbergpalais Kempinski Dresden

S. 29 unten: Staatliche Kunstsammlungen Dresden (Jürgen Lösel)

S. 31, unten: Sixtinische Madonna „RAFAEL -

Madonna Sixtina (Gemäldegalerie Alter Meister, Dresde, 1513-14. Óleo sobre lienzo, 265 x 196 cm)" von Raffael - Google Art Project: Home - pic Maximum resolution.. Lizenziert unter Gemeinfrei über Wikimedia Commons - https://commons.wikimedia.org/wiki/File:RAFAEL_-_Madonna_Sixtina_(Gem%C3%A4ldegalerie_Alter_Meister,_Dresde,_1513-14._%C3%93leo_sobre_lienzo,_265_x_196_cm).jpg#/media/File:RAFAEL_-_Madonna_Sixtina_(Gem%C3%A4ldegalerie_Alter_Meister,_Dresde,_1513-14._%C3%93leo_sobre_lienzo,_265_x_196_cm).jpg

S. 33, oben: Archiv Sucher/Wurlitzer

S. 33, unten: „Dresden-Semperoper.04" von Ingersoll - Eigenes Werk (photo taken myself). Lizenziert un-ter Gemeinfrei über Wikimedia Commons - https://commons.wikimedia.org/wiki/File:Dresden-Semperoper.04.JPG#/media/File:Dresden-Semperoper.04.JPG

S. 34 beide: Semperoper Dresden

S. 38 beide: Italienisches Dörfchen

S. 43: Sächsische Dampfschiffahrt

S. 49, oben: „Dresden Überblick 8" von Kay Körner from Dresden Seevortstad/Großer Garten - Kay Kör-ner from Dresden Seevortstad/Großer Garten. Lizenziert unter CC BY 2.5 über Wikimedia Commons - https://commons.wikimedia.org/wiki/File:Dresden_%C3%9Cberblick_8.jpg#/media/File:Dresden_%C3%9Cberblick_8.jpg

S. 49, unten: „Fama Kunstakademie Dresden" von Thomas Wolf (Der Wolf im Wald) - Eigenes Werk. Lizen-ziert unter CC BY-SA 3.0 über Wikimedia Commons - https://commons.wikimedia.org/wiki/File:Fama_Kunstakademie_Dresden.jpg#/media/File:Fama_Kunstakademie_Dresden.jpg

S. 52: „Moritzdenkmal" von User:Kolossos - Eigenes Werk. Lizenziert unter CC BY-SA 3.0 über Wikimedia Commons - https://commons.wikimedia.org/wiki/File:Moritzdenkmal.jpg#/media/File:Moritzdenkmal.jpg

S. 55: „StarOfDavidDresden" von Flickr user Ben Unleashed! - http://www.flickr.com/photos/ben-unleashed/11028943194/. Lizenziert unter CC BY-SA 2.0 über Wikimedia Commons - https://commons.wikimedia.org/wiki/File:StarOfDavidDresden.jpg#/media/File:StarOfDavidDresden.jpg

S. 56: Kurländisches Palais

S. 57 oben,: Kastenmeiers Dresden

S. 58: Staatliche Schlösser, Burgen und Gärten Sachsen

S. 61 oben: Steigenberger Hotel de Saxe, Dresden

S. 62: „Figuren Cosel-Palais2" von adornix - Eigenes Werk. Lizenziert unter CC BY-SA 3.0 über Wiki-media Commons - https://commons.wikimedia.org/wiki/File:Figuren_Cosel-Palais2.jpg#/media/File:Figuren_Cosel-Palais2.jpg

S. 70 unten: „Bundesarchiv Bild 183-60015-0002, Dresden, Denkmal Martin Luther, Frauenkirche, Ruine" von Bundesarchiv, Bild 183-60015-0002 / Giso Löwe / CC-BY-SA 3.0. Lizenziert unter CC BY-SA 3.0 de über Wikimedia Commons - https://commons.wikimedia.org/wiki/File:Bundesarchiv_Bild_183-60015-0002,_Dresden,_Denkmal_Mar-tin_Luther,_Frauenkirche,_Ruine.jpg#/media/File:Bundesarchiv_Bild_183-60015-0002,_Dresden,_Denkmal_Martin_Luther,_Frauenkirche,_Ruine.jpg

S. 73 unten: „Striezelmarkt 2009 00254" von LH DD Wifö - Eigenes Werk. Lizenziert unter CC BY-SA 3.0 über Wikimedia Commons - https://commons.wikimedia.org/wiki/File:Striezelmarkt_2009_00254.jpg#/media/File:Striezelmarkt_2009_00254.jpg

S. 73 unten: „Striezelmarkt 2009 02368" von LH DD/Dittrich - Eigenes Werk. Lizenziert unter CC BY-SA 3.0 über Wikimedia Commons - https://commons.wikimedia.org/wiki/File:Striezelmarkt_2009_02368.jpg#/media/File:Striezelmarkt_2009_02368.jpg

S. 75 rechts: „Dresden 2012-05-24-6669" von Slick - Eigenes Werk. Lizenziert unter CC0 über Wiki-media Commons - https://commons.wikimedia.org/wiki/File:Dresden_2012-05-24-6669.jpg#/media/File:Dresden_2012-05-24-6669.jpg

S. 76: Kreuzchor (Matthias Krüger)

S. 77 Mitte: „Dresden Rathaus 1" von X-Weinzar - Eigenes Werk. Lizenziert unter CC BY-SA 3.0 über Wi-kimedia Commons - https://commons.wikimedia.org/wiki/File:Dresden_Rathaus_1.jpg#/media/File:Dresden_Rathaus_1.jpg

S. 77 links: „Bronzelöwe vor dem Neuen Rathaus 01" von Aarp65 - Eigenes Werk. Lizenziert unter CC BY-SA 3.0 über Wikimedia Commons - https://commons.wikimedia.org/wiki/File:Bronzel%C3%B6we_vor_dem_Neuen_Rathaus_01.JPG#/media/File:Bronzel%C3%B6we_vor_dem_Neuen_Rathaus_01.JPG

S. 77 rechts: „Bronzelöwe vor dem Neuen Rathaus 02" von Aarp65 - Eigenes Werk. Lizenziert unter CC BY-SA 3.0 über Wikimedia Commons - https://commons.wikimedia.org/wiki/File:Bronzel%C3%B6we_vor_dem_Neuen_Rathaus_02.JPG#/media/File:Bronzel%C3%B6we_vor_dem_Neuen_Rathaus_02.JPG

S. 78 oben: „Dresden-Rathaus-Gussmann-gp" von User:Kolossos - Eigenes Werk. Lizenziert unter CC BY-SA 3.0 über Wikimedia Commons - https://commons.wikimedia.org/wiki/File:Dresden-Rathaus-Gussmann-gp.jpg#/media/File:Dresden-Rathaus-Gussmann-gp.jpg

S. 78 unten: „Rathausmann (Dresden)" von Jens Maus (http://jens-maus.de/) - Eigenes Werk. Lizenziert unter Gemeinfrei über Wikimedia Commons - https://commons.wikimedia.org/wiki/File:Rathausmann_(Dresden).jpg#/media/File:Rathausmann_(Dresden).jpg

S. 79: „Dresden Truemmerfrau 2" von X-Weinzar - Eigenes Werk (Taken by myself). Lizenziert unter CC BY-SA 2.5 über Wikimedia Commons - https://commons.wikimedia.org/wiki/File:Dresden_Truemmerfrau_2.jpg#/media/File:Dresden_Truemmerfrau_2.jpg

S. 81 unten links: Hotel Gewandhaus Dresden

S. 84 beide: Staatsschauspiel Dresden

S. 85 unten: Sächsischer Landtag (Steffen Giersch)

S. 86 oben: Sächsischer Landtag

S. 87: Czauderna, Henry/ Fotolia

S. 88 oben: „Yenidze Dresden Kuppel innen" von Daniela Ziebell aus der deutschsprachigen Wikipedia. Li-zenziert unter CC BY-SA 3.0 über Wikimedia Commons - https://commons.wikimedia.org/wiki/File:Yenidze_Dresden_Kuppel_innen.jpg#/media/File:Yenidze_Dresden_Kuppel_innen.jpg

S. 89 rechts: Polaraes REAM GmbH

S. 89 links: World Trade Center

S. 92 unten, 93: Dixieland-Festival

S. 96 unten: Deutsches Hygiene Museum (Werner Lieberknecht)

S. 97 unten: Deutsches Hygiene Museum (David Brandt)

S. 100 oben: „Greenhouse AmericanTropics BotGard-Dresden070219 072" von No machine-readable author provided. BotBln assumed (based on copyright claims). - No machine-readable source provided. Own work assumed (based on copyright claims).. Lizenziert unter CC BY-SA 3.0 über Wikimedia Commons - https://commons.wikimedia.org/wiki/File:Greenhouse_AmericanTropics_BotGardDresden070219_072.jpg#/media/File:Greenhouse_AmericanTropics_BotGard-Dresden070219_072.jpg

S. 100 unten links: „Selenicereus grandiflorus Rich Hoyer" von Richard C. Hoyer, WINGS - [1]. Lizenziert unter CC BY 3.0 über Wikimedia Commons - https://commons.wikimedia.org/wiki/File:Selenicereus_grandiflorus_Rich_Hoyer.JPG#/media/File:Selenicereus_grandiflorus_Rich_Hoyer.JPG

S. 102 unten: „Sommerresidenz01" von User:Nikater - Eigenes Werk. Lizenziert unter GFDL über Wikimedia Commons - https://commons.wikimedia.org/wiki/File:Sommerresidenz01.jpg#/media/File:Sommerresidenz01.jpg

S. 103 oben: „Blumen im Großen Garten Dresden" von 100..xd - Eigenes Werk. Lizenziert unter CC BY-SA 3.0 über Wikimedia Commons - https://commons.wikimedia.org/wiki/File:Blumen_im_Gro%C3%9Fen_Garten_Dresden.jpg#/media/File:Blumen_im_Gro%C3%9Fen_Garten_Dresden.jpg

S. 104 oben links: Dresdner Parkeisenbahn (Frank Höhler)

S. 104 unten: „ZOO Dresden" von Wakowlk - Eigenes Werk. Lizenziert unter CC BY-SA 3.0 über Wikimedia Commons - https://commons.wikimedia.org/wiki/File:ZOO_Dresden.JPG#/media/File:ZOO_Dresden.JPG

S. 105 alle: Zoo Dresden

S. 108: „DD-Neptunbrunnen-4" von SchiDD - Eigenes Werk. Lizenziert unter CC BY-SA 3.0 über Wikimedia Commons - https://commons.wikimedia.org/wiki/File:DD-Neptunbrunnen-4.jpg#/media/File:DD-Neptunbrunnen-4.jpg

S. 112: „Dresden-Hoher-Stein" von User:Kolossos - Eigenes Werk. Lizenziert unter CC BY-SA 3.0 über Wi-kimedia Commons - https://commons.wikimedia.org/wiki/File:Dresden-Hoher-Stein.jpg#/media/File:Dresden-Hoher-Stein.jpg

S. 113 oben: „Dresden-Fichteturm" von self - Eigenes Werk. Lizenziert unter CC BY-SA 3.0 über Wikimedia Commons - https://commons.wikimedia.org/wiki/File:Dresden-Fichteturm.jpg#/media/File:Dresden-Fichteturm.jpg

S. 113 unten: „Dresden-Eisenbahnmuseum-sommer" von User:Kolossos - Eigenes Werk. Lizenziert unter CC BY-SA 3.0 über Wikimedia Commons - https://commons.wikimedia.org/wiki/File:Dresden-Eisenbahnmuseum-sommer.jpg#/media/File:Dresden-Eisenbahnmuseum-sommer.jpg

S. 114: „EisenbahnmuseumBwDresdenAltstadtBaureihen19und03und01" von KilianPaulUlrich - Eigenes Werk. Lizenziert unter CC BY-SA 3.0 über Wikimedia Commons - https://commons.wikimedia.org/wiki/File:EisenbahnmuseumBwDresdenAltstadtBaureihen19und03und01.JPG#/media/File:EisenbahnmuseumBwDresdenAltstadtBaureihen19und03und01.JPG

S. 116, 117 beide: Sächsische Landesbibliothek -Staats- und Universitätsbibliothek Dresden

S. 120: Asisi, Berlin (Stefan Hoyer)

S. 121 oben: Asisi, Berlin

S. 123 unten, 124 oben: Schillergarten Dresden

S. 125 unten: Sächsische Dampfschiffahrt

S. 134, 135 oben und unten links: Museum Körnigeich

S. 134 unten rechts: Museum Körnigreich (Olaf Börner)

S. 137 oben: Laguna35/Fotolia

S. 137 unten: „Dresden-Totentanz" von User:Kolossos - Eigenes Werk. Lizenziert unter CC BY-SA 3.0 über Wikimedia Commons - https://commons.wikimedia.org/wiki/File:Dresden-Totentanz.jpg#/media/File:Dresden-Totentanz.jpg

S. 138, unten rechts: "Rebeccabrunnen Dresden 3" by Paulae - Own work. Licensed under CC BY-SA 3.0 via Wikimedia Commons - https://commons.wikimedia.org/wiki/File:Rebeccabrunnen_Dresden_3.JPG#/media/File:Rebeccabrunnen_Dresden_3.JPG

S. 139 unten: Museen Stadt Dresden (Franz Zadnicek)

S. 140 oben: „Biedermeiereinrichtung im Kügelgenhaus" von Dguendel - Eigenes Werk. Lizenziert unter CC BY-SA 3.0 über Wikimedia Commons - https://commons.wikimedia.org/wiki/File:Biedermeiereinrichtung_im_K%C3%BCgelgenhaus.jpg#/media/File:Biedermeiereinrichtung_im_K%C3%BCgelgenhaus.jpg

S. 143 oben: „Stürmischewasser dresden" von Z thomas - Eigenes Werk. Lizenziert unter CC BY-SA 3.0 über Wikimedia Commons - https://commons.wikimedia.org/wiki/File:St%C3%BCrmischewasser_dresden.jpg#/media/File:St%C3%BCrmischewasser_dresden.jpg

S. 143 unten: „Dresden Albertplatz Stille Wasser-5" von User:Kolossos - Eigenes Werk. Lizenziert unter CC BY-SA 3.0 über Wikimedia Commons - https://commons.wikimedia.org/wiki/File:Dresden_Albertplatz_Stille_Wasser-5.jpg#/media/File:Dresden_Albertplatz_Stille_Wasser-5.jpg

S. 147: Museen der Stadt Dresden

S. 151 oben: „Dresden-Kultusministerium" von User:Kolossos - Eigenes Werk. Lizenziert unter CC BY-SA 3.0 über Wikimedia Commons - https://commons.wikimedia.org/wiki/File:Dresden-Kultusministerium.jpg#/media/File:Dresden-Kultusministerium.jpg

S. 151 oben: „Common Kestrel 2" von Andreas Trepte - Eigenes Werk. Lizenziert unter CC BY-SA 2.5 über Wikimedia Commons - https://commons.wikimedia.org/wiki/File:Common-Kestrel-2.jpg#/media/File:Common-Kestrel-2.jpg

S. 155 beide: Dresdner Molkerei Gebrüder Pfund

S. 156: Schloss Albrechtsberg (Sylvio Dittrich)

S. 162 unten: „Dresden Garnisonkirche gp" von I, Kolossos. Lizenziert unter CC BY-SA 3.0 über Wikimedia Commons - https://commons.wikimedia.org/wiki/File:Dresden_Garnisonkirche_gp.jpg#/media/File:Dresden_Garnisonkirche_gp.jpg

S. 163: „Waldschlößchenbrücke Labe 2012 2" von Karelj - Eigenes Werk. Lizenziert unter CC BY-SA 3.0 über Wikimedia Commons - https://commons.wikimedia.org/wiki/File:Waldschl%C3%B6%C3%9Fchenbr%C3%BCcke_Labe_2012_2.jpg#/media/File:Waldschl%C3%B6%C3%9Fchenbr%C3%BCcke_Labe_2012_2.jpg

S. 164 oben: „Dresden-Albrechtsberg-untererBrunnen-Auffahrt" von User:Kolossos - Eigenes Werk. Lizenziert unter CC BY 3.0 über Wikimedia Commons - https://commons.wikimedia.org/wiki/File:Dresden-Albrechtsberg-untererBrunnen-Auffahrt.jpg#/media/File:Dresden-Albrechtsberg-untererBrunnen-Auffahrt.jpg

S. 164 unten: Schloss Albrechtsberg (Burkhard Schade)

S. 165 oben links, oben rechts: Schloss Albrechtsberg (Schön, Falkowski)

S. 166: Hessbeck/ Fotolia

S. 167 unten, 168: Schloss Eckberg

S. 170, 171 oben: Expert Communications, Haar

S. 171 unten, 172: Schumann's Luisenhof

S. 174 unten: „Schillerhäuschen Dresden und Denkmal" von Paulae - Eigenes Werk. Lizenziert unter CC BY-SA 3.0 über Wikimedia Commons - https://commons.wikimedia.org/wiki/File:Schillerh%C3%A4uschen_Dresden_und_Denkmal.jpg#/media/File:Schillerh%C3%A4uschen_Dresden_und_Denkmal.jpg

S. 177 unten: „Dresden Bergbahn 129" von Norbert Aepli, Switzerland. Lizenziert unter CC BY 2.5 über Wi-kimedia Commons - https://commons.wikimedia.org/wiki/File:Dresden_Bergbahn_129.JPG#/media/File:Dresden_Bergbahn_129.JPG

S. 178 oben: „Schwebebahn Dresden - Talstation" von Brücke-Osteuropa - Eigenes Werk. Lizenziert unter CC0 über Wikimedia Commons - https://commons.wikimedia.org/wiki/File:Schwebebahn_Dresden_-_Talstation.jpg/media/File:Schwebebahn_Dresden_-_Talstation.jpg

S. 178 unten links: „Loschwitzer Kirche" von Paulae - Eigenes Werk. Lizenziert unter CC BY-SA 3.0 über Wikimedia Commons - https://commons.wikimedia.org/wiki/File:Loschwitzer_Kirche.jpg#/media/File:Loschwitzer_Kirche.jpg

S. 178 unten rechts: „Nosseni-Altar Stitch voll" von adornix - Eigenes Werk. Lizenziert unter CC BY-SA 3.0 über Wikimedia Commons - https://commons.wikimedia.org/wiki/File:Nosseni-Altar_Stitch_voll.jpg#/media/File:Nosseni-Altar_Stitch_voll.jpg

S. 179 unten: Elbhangfest e. V. (Holger Friebel)

S. 180 oben: Elbhangfest e. V.

S. 180 unten: „Brn2005-2" von No machine-readable author provided. Olaf1541 assumed (based on copy-right claims). - No machine-readable source provided. Own work assumed (based on copyright claims).. Lizenziert unter CC BY 2.5 über Wikimedia Commons - https://commons.wikimedia.org/wiki/File:Brn2005-2.jpg#/media/File:Brn2005-2.jpg

S. 181: „Dresden Fernsehturm" von Steffen Müller - Eigenes Werk. Lizenziert unter CC BY-SA 3.0 über Wikimedia Commons - https://commons.wikimedia.org/wiki/File:Dresden_Fernsehturm.jpg#/media/File:Dresden_Fernsehturm.jpg

S. 182 beide oben: Museen Stadt Dresden (Franz Zadnicek)

S. 183 unten, 183 oben rechts: Staatliche Schlösser, Burgen und Gärten Sachsen

S. 183 oben links: Staatliche Schlösser, Burgen und Gärten Sachsen (Antje Heinze)

S. 184 unten: Staatliche Schlösser, Burgen und Gärten Sachsen (Gabriele Goers)

S. 185 unten: „Pillnitz-Kamelienhaus" von User:Kolossos - Eigenes Werk. Lizenziert unter CC BY-SA 3.0 über Wikimedia Commons - https://commons.wikimedia.org/wiki/File:Pillnitz-Kamelienhaus.jpg#/media/File:Pillnitz-Kamelienhaus.jpg

S. 185 oben: Staatliche Schlösser, Burgen und Gärten Sachsen

S. 187 unten: „Weinbergkirche Pillnitz Taufstein" von Paulae - Selbst fotografiert. Lizenziert unter CC BY 3.0 über Wikimedia Commons - https://commons.wikimedia.org/wiki/File:Weinbergkirche_Pillnitz_Taufstein.jpg#/media/File:Weinbergkirche_Pillnitz_Taufstein.jpg

S. 189 unten rechts: „Villa Shatterhand" von --Immanuel Giel 10:42, 22 September 2005 (UTC) - Eigenes Werk (own photography). Lizenziert unter CC BY-SA 3.0 über Wikimedia Commons - https://commons.wikimedia.org/wiki/File:Villa_Shatterhand.jpg#/media/File:Villa_Shatterhand.jpg

S. 191 unten: Tourismus-Marketing-Gesellschaft Sachsen (Dittrich)

S. 194 unten, 195: Sächsische Dampfeisenbahngesellschaft

S. 196 oben: Schloss Moritzburg (Jürgen Karpinski)

S. 196 Mitte: Schloss Moritzburg (Volker Kreidler)

S. 197 oben: Schloss Moritzburg (Werner Lieberknecht)

S. 197 Mitte: Schloss Moritzburg (Jürgen Karpinski)

S. 199 beide unten: Schloss Moritzburg (Jürgen Karpinski)

S. 200 beide: Landgestüt Moritzburg

S. 201 oben: Landgestüt Moritzburg (Kay Pawlowska)

S. 201 unten, 202 oben: Wildgehege Moritzburg.

S. 202 unten: „Meissner Dom" von Oslm - Eigenes Werk. Lizenziert unter CC BY-SA 3.0 über Wikimedia Commons - https://commons.wikimedia.org/wiki/File:Meissner_Dom.jpg#/media/File:Meissner_Dom.jpg

S. 203: „Meißner Dom, 3-2" von Rainer Lippert - selbst gemacht. Lizenziert unter Gemeinfrei über Wikime-dia Commons - https://commons.wikimedia.org/wiki/File:Mei%C3%9Fner_Dom,_3-2.jpg#/media/File:Mei%C3%9Fner_Dom,_3-2.jpg

S. 205 beide oben: Albrechtsburg (Frank Höhler)

S. 205 unten: „Albrechtsburg-Wendelstein" von User:Kolossos - Eigenes Werk. Lizenziert unter CC BY-SA 3.0 über Wikimedia Commons - https://commons.wikimedia.org/wiki/File:Albrechtsburg-Wendelstein.jpg#/media/File:Albrechtsburg-Wendelstein.jpg

S. 207 alle: Staatliche Porzellanmanufaktur Meissen

S. 208 oben: Flashpics/Fotolia

S. 209: Schloss Weesenstein

S. 210 Mitte: Schloss Weesenstein (Herbert Boswank)

S. 210 oben: Schloss Weesenstein (Ernst Wrba)

S. 211 oben: Tourismus-Marketing-Gesellschaft Sachsen

S. 211 unten: Barockgarten Großsedlitz

S. 213 unten, 214: Stadt Pirna

S. 215 unten: Tourismus-Marketing-Gesellschaft Sachsen (Dittrich)

Kontaktadressen

Touristeninformation

Neumarkt 2, 01067 Dresden, Tel. 0351/50 15 01, www.dresden.de/tourismus; Straßenbahn 1, 2, 4 bis Altmarkt oder 4, 8, 9 bis Theaterplatz

Wiener Platz (in der Kuppelhalle des Hauptbahnhofs), 01069 Dresden; Straßenbahn 7, 8, 10 bis Hauptbahnhof

Informationen im Internet

Alles über die Landeshauptstadt: www.dresden.de

Mobilität für Dresden und die Region: www.vvo-online.de

Rund um die Dresdner Neustadt: www.dresden-neustadt.de

Stadtinformationsmagazin: www.dresden-online.de

Reiseregion elbabwärts: www.elbland.de

Reiseregion elbaufwärts: www.saechsische-schweiz.de

Stadtfernsehen Dresden: www.dresden-fernsehen.de

Verkehr

Straßenbahn, Bus Stadtverkehr: Info Tel. 0351/8 57 10 11, www.dvb.de

Regionaler Busverkehr: Info Tel. 0180/22 66 22 66, www.vvo-online.de

S-Bahn: Info Tel. 0351/85 26 55, www.vvo-online.de

Ausflugsschiffe Elbe: Info Tel. 0351/86 60 90, www.saechsische-dampfschiffahrt.de

Telefon-Vorwahlen:

Dresden 0351

Österreich, Schweiz → Dresden 0049

Dresden → Österreich 0043

Dresden → Schweiz 0041

Notrufe:

Polizei: 110,

Feuerwehr/Rettungsdienst: 112

Ärztlicher Notdienst: 0351/ 1 92 92

Kartensperrnotruf: 11 61 16

ADAC-Pannenhilfe: 0180/222 22 22

Dresden in Zahlen

Einwohner: 541 300, damit liegt Dresden an 12. Stelle aller deutschen Städte. Die Bevölkerungsdichte beträgt 1632 Einwohner je km².

Fläche: 328,31 km², nach Berlin, Hamburg und Köln die flächenmäßig viertgrößte
deutsche Stadt. Der Umfang der Stadtgrenze beträgt 139,65 km.

Geografie: Dresden befindet sich im südöstlichen Teil des Freistaates. Die Ausdehnung von Nord nach Süd beträgt 22,6 km, die von Ost nach West 27,1 km. Der Triebenberg etwa 15 km östlich der Stadtmitte ist mit 383 m über NN der höchste Punkt der Stadt, der tiefste befindet sich mit 101 m über NN in Cossebaude.

Flüsse: Etwa 30 km durchfließt die Elbe das Stadtgebiet, die mittlere Breite beträgt bei Mittelwasser 113 m.

Wald: Mit 62 % Wald- und Grünfläche gehört Dresden zu den grünsten Städten Europas, rund ein Viertel des Stadtgebietes nimmt das Landschaftsschutzgebiet »Dresdner Heide« ein.

Politik: Dresden ist seit der Neugründung der Länder im Osten Deutschlands 1990 Landeshauptstadt. Die stärkste Fraktion im Stadtrat bildet die CDU gefolgt von der Partei Die Linke, Bündnis 90/Die Grünen und der SPD.

Wirtschaft: Dresden gehört zu den modernsten Hightech-Standorten, dominierend sind die Mikroelektronik, die Informations- und Kommunikationstechnik sowie die Biotechnologie. Bedeutend sind auch der Maschinen- und Anlagenbau, der Fahrzeugbau sowie der Tourismus.

Unterkunft: Mehr als 20 000 Betten stehen in rund 100 Hotels und Pensionen bereit. In die Stadt kommen jährlich etwa 12 Mio. Gäste, 2,0 Mio. von ihnen übernachten, sie bleiben im Durchschnitt 2,1 Tage. Der Anteil an ausländischen Touristen beträgt rund 19 %, die meisten kommen aus den USA, der Schweiz, Österreich, Großbritannien und Russland.

Zu den Autoren

BERND WURLITZER arbeitet seit Jahrzehnten als freier Journalist und lebt in Berlin. Er hat sich dem Tourismus, der Hotellerie und Gastronomie verschrieben. Im sächsischen Zwickau geboren führten ihn bereits als Kind viele Ausflüge mit den Eltern nach Dresden. Der gelernte Großhandelskaufmann, studierte Journalist und Diplom-Fotodesigner bezeichnet Dresden als seine »liebste Stadt«. Seine Reiseführer mit Kerstin Sucher sowie seine touristischen, kunstgeschichtlichen und länderkundlichen Bild- und Textbücher, unter anderem über Polen, Zypern, Jemen, erlebten mehr als 300 Auflagen und wurden rund drei Millionen Mal verkauft (www.tourismus-journalisten.de).

KERSTIN SUCHER lebt in Berlin als freischaffende Journalistin mit dem Schwerpunkt Tourismus in Ostdeutschland. Mit Sachsens Landeshauptstadt ist sie eng verbunden: Im sächsischen Mittweida geboren, wuchs sie in Meißen vor den Toren Dresdens auf. Nach dem Studium an der Universität Leipzig, das sie als Diplom-Sprachmittler abschloss, war sie in Tunesien und Algerien tätig und danach viele Jahre in der Kulturstadt Weimar für das touristische Auslandsmarketing zuständig. Im Steffen Verlag sind von ihr, gemeinsam mit Bernd Wurlitzer, »WUNDERvolles Thüringen« und »WUNDERvolles Sachsen« erschienen. (www.tourismus-journalisten.de)

Dank

Unser Dank gilt den Hotels Taschenbergpalais Kempinski (www.kempinski-dresden.de), Steigenberger Hotel de Saxe (http://de.steigenberger.com), Swissôtel Dresden Am Schloss (www.swissotel.com/dresden), Seaside Gewandhaus Hotel (www.seaside-hotels.com) sowie dem Maritim-Hotel (www.maritim.de), die uns bei dem Projekt unterstützt haben. Danke sagen wir auch allen, die uns Bilder zur Verfügung stellten sowie Herrn Erhard Weimann, Staatssekretär und Bevollmächtigter des Freistaates Sachsen beim Bund sowie Frau Dr. Vera Kretschmar von der Landesvertretung Sachsen in Berlin, die uns seit Jahren zu vielen Informationsveranstaltungen einladen.

Haftungsausschluss

Die Angaben in diesem Reiseführer wurden von den Autoren und dem Verlag gewissenhaft überprüft. Für die Aktualität, Korrektheit und Vollständigkeit wird keine Haftung übernommen. Aus rechtlichen Gründen wird sich von allen Inhalten der aufgeführten Internet-Seiten distanziert. Auf aktuelle und zukünftige Gestaltung, die Inhalte oder Urheberschaft der angeführten Internet-Seiten besteht kein Einfluss.

Wir freuen uns über Kritik, Kommentare und Verbesserungsvorschläge (info@steffen-verlag.de).

Bisher in dieser Reihe erschienen

Reiseführer im Steffen Verlag – handlich, übersichtlich, reich bebildert, unterhaltsam und fundiert geschrieben sowie mit ausführlichem Serviceteil

ISBN 978-3-942477-37-6, 14,95 Euro

ISBN 978-3-942477-15-4, 14,95 Euro

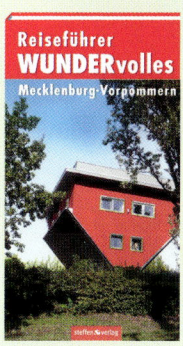

ISBN 978-3-940101-91-4, 12,95 Euro

ISBN 978-3-942477-14-7, 14,95 Euro

ISBN 978-3-942477-76-5, 14,95 Euro

Impressum

Die Deutsche Nationalbibliothek verzeichnet diese Publikation
in der Deutschen Nationalbibliografie;
detaillierte bibliografische Daten sind im Internet
über http://dnb.d-nb.de abrufbar.

1. Auflage 2016
© Steffen Verlag / Steffen GmbH
Berliner Allee 38, 13088 Berlin, Tel.: (030) 41 93 50 08,
www.steffen-verlag.de, info@steffen-verlag.de

Umschlagfoto: Blick vom Fürstenzug zur Frauenkirche
Foto Seite 6: Glockenspiel am Zwinger in Dresden
Foto Seite 12: Sgraffito-Malereien im Großen Schlosshof

Herstellung: Steffen Media / Steffen GmbH, Friedland, www.steffen-media.com

ISBN 978-3-95799-001-3